ONE° DEGREE

ジョン・ガスタフェロー カードマジック

John Guastaferro
ジョン・ガスタフェロー 著
富山達也 訳

東京堂出版

ONE°
DEGREE

我が麗しの妻、デビー
彼女はいつでもユニークでびっくりするような方法で、
私に閃きを与えてくれます

愛娘のエマとサラ
彼女たちこそ、真のマジックという意味の体現です

偉大なる母
彼女は私の初めての指ギロチンのトリックを生き延び、
更には数々の危険なカード･トリックを見続けてくれました

私の人生に、彼女たちがいてくれることに感謝を捧げます

FOREWORD

John Bannon

かくも素晴らしきトリックの集成、その作り手であるジョン・ガスタフェロー、彼を皆さんにご紹介出来るのを、大変喜ばしく思います。さて、映画批評には『作家主義（オートウール・セオリー）』、つまり『映画は、監督の個人的な表現物である』という考え方があります。ここではマジックの創作について、この映画批評における『作家主義』を引き合いに出してみましょう。マジックというのは、それがほんの一手順であっても沢山の要素――例えば理論、技術、構成、フレームワーク、プレゼンテーション、パフォーマンス――などがそれぞれ存在していますよね。作家には、これらをきちんと理解し、自在に使いこなす能力が求められます。本書のように物事を説明するという観点では、それら全ての要素を、読み手にいかに伝えることが出来るか、という能力が必要になるでしょう。私たちの多くは、往々にしてこれらの要素を単純に継ぎ接ぎし、それが良い組み合わせであればいいなと、漫然と願うばかりです。しかし他方、しっかりした作り手というのは、これらの要素を統一的な手法でまとめ、ひと目でそうと分かる風格を持ったトリックを作りあげるのです。

長年に亘り、私は自分自身の「理論」や「興味分野」を、それに特定のトリックが“良い”ものなのか“悪い”ものなのかを、どうやって判断するかという「基準」を作り上げてきました。あるトリックが良いのか悪いのかという、ごくごく基本的な問いといえど、デモ動画でよく見るような通行人たちの反応ですとか、スタジオに座っている観客のそれをただ見るだけでは、判断出来ないものです。確かに、マジックを始めた頃は、新しいもの全てがエキサイティングでしょう。それは私たちの中に判断の基準が無く、全てはただ単純に新しいからという理由です。マジックを始めたあの頃、そしてただ取り組んでいただけで楽しかったあの頃を皆さんも憶えてらっしゃるでしょう。しかしより多くを学び、自分の考えを工夫し、洗練させていく中で、この基準を満たすものは少なくなっていきます。つまり、“良いものだ”と思えるものが少なくなるのです。私は、新しい本を手に取り、ざっと眺めて終わりにしてしまうことがよくあります。熟読したいと思わせてくれるトリックが少ないのです。DVDに至ってはもっと早いかもしれません。解説を必要とすることも、そこまで見たいと思うことも少ないですし、それ以前に、演技を最初から最後まで通して見たいと思わせるものも殆どありませんから。

では、６年ほど前の私の驚きようも分かって頂けるでしょう。そんな私が、気付いたら買った２枚組DVDの全ての演技を見たのみならず、全ての解説まで聞いていたのです！それこそがジョンのDVD、『*Brainstorm*』でした。トリックは総じて素敵であり、洗練された基準に照らしてみても、手法は直接的にして巧妙と言っていいもので、高いレベルの配慮と技芸に満ち溢れていました。私は長らくなかった、魅惑的で惹きこまれるような興奮を覚えたものです。例えば、『*Brainstorm*』DVDで、ジョンは２つのパケットを使ったひとつづきのトリック、すなわち“Intuition”と“Out of the Blue”というのを演じています。前者のトリックはホフツィンザー的なパケットでの移動現象で、私を悩ませてくれました。後者はカードの裏面の色が変わっていくもので、完全に引っかかってしまいました。しかもこの話には続きがあります。2009年のMAGIC Liveのコンベンションで彼に初めて直接会ったとき、私はまさにその２つのトリックで、もう一度引っ掛けられるという衝撃を味わったのです！いやはや。

読者のあなたも、この２つのトリックを本書の中で見つけることが出来るでしょう。勿論それだけではありません。本書『*One Degree*』には、全体に亘ってジョンのベスト・ヒット作品や、最新のスペクタクルが収められおり、全てがとても現代的なトリックです。

“Duplex Change”では、何も見えないというだけでなく、何かしたという疑いすら抱かせない、洗練されたハンドリングをご覧になることでしょう。“Palm Reader Plus”では、無駄のない、カミソリの如き切れ味で、クラシックであるホフツィンザーのどんでん返し付きトリックに対するあなたの見方を変えてくれます。大変効率的な手法であり、どんでん返しがくるのが読めないこと請け合いです。カードがプラスティックの荷物タグの中に入ってしまうというジョンの素敵なトリック“Lost and Found”、これも今回公式に“印刷物の中に埋もれて”います――お見逃しなきよう。

そう、何を隠そう私はいちファンなのです。それでもって、私はこの本に大変興奮しているのです。トリックはそれぞれ素敵で瑞々しく、とても精巧に出来ています。これらは真の作家の、スタイルや本質といったものの横溢なのです。ジョン·ガスタフェローに出会いましょう。そうすれば、あなたがいかにいま飽いた状態であろうとも、マジックに前のめりになっていたあの頃を、そして、ただ取り組んでいただけで楽しかったあの頃を思い出すことでしょう。

ジョン·バノン
イリノイ州 シカゴにて
2010年4月

INTRODUCTION

Jack Carpenter

読者が、カード・マジックについて知っていれば知っているほどより多くを学ぶことが出来る、『*One Degree*』はそんな稀有な著作のひとつです。このアート、即ちマジックにおいて優れている人であるほど、この上等な作品集の中にある素晴らしい宝石を見つけ、その真価に気付くことが出来るでしょう。そういった人たちはそれらを前に、ジョン・ガスタフェローの心が発する全ての洞察、ニュアンス、そしてサトルティを平らげ、純然たる愉悦の瞬間を体験することになるのです。

ジョンはトリックを強めるのに極めて大切な４本の柱――即ち、観客の体験、文脈、動機付け、そして手法、これらを設計する名人です。これこそ、彼がマジシャンでも普通の観客でも、どちらも楽しませることが出来る理由であり、そして私自身が、ジョン・ガスタフェローに教えを請う者である理由なのです。

Spectator Experience －観客の体験－

ジョンは、『観客の体験』というものが主であるべき、ということを理解出来ている、数少ない演者／創作者のひとりです。つまりマジックというのは私たちの（即ち"演者"の）、ではなく、全て"観客"のものなのです。彼はその正確な策略知識を、大胆なセットアップを成し遂げるのに使い（"Either Or"をご覧あれ）、幻惑的なマジックに使い（"Palm Reader Plus"や"Impostor"とかね）、そして観客たちを、彼ら個人個人の本質に関係してくる、そんな奇跡の目撃者にしてくれます。観客たちは挑戦などではなく、むしろ忘れ難い体験を受け取ることとなるでしょう。

Context －文脈－

プロットやプレゼンテーションを超えた、全体的な文脈／流れのコンセプト、これこそジョンの秀でているもうひとつのポイントです。「何故私はこれをしているのか？何故ここで、何故いまなのか？」ジョンの傑作、"Truth in

Advertising" をちょっと読んでみてください。不自然さを招かず、それでいて興味を惹かれざるを得ないような状況に、ごく自然に観客を引き込んでいるのです。この本の中にある、ジョンの創りだす多くの文脈例のひとつです。ジョンはよく、普通の会話や地に足のついた提言を通じて、相手が既に持っている思いや考えを、演者やその場の皆と分かちあうという瞬間を創りだします。これらのルーティーンをお読みになれば、そのことはよくご理解頂けるでしょう。

Motivation－動機付け－

ジョンは完璧主義者で、自身の演技から動機のない動作を取り除くことを目指しています。これはジョンの作品を演じる上で得られるとても甘美な愉しさ、それを生み出している理由のひとつでもあるでしょう。物事は能く調えられています。理由もなくデックを取り上げたり、煩わしい奇癖を持っているかのように、カードをリフルしたり置き直したりすることなどないとお分かりになるでしょう。そして、もしミスディレクションが必要であっても、ルーティーンの中に最初から組み込まれているのをご覧になって、心地良い驚きを得ることでしょうね。

Method－手法－

ジョンは、出来るからという理由だけで、昨今の "イカしたムーブ" を加えたり作ったりということはしません。彼は別の手法を採ります。彼はまず、観客たちにどんな体験を残したいかというビジョンを創ることから始め、それから最も効率的な手法を模索するのです。そしてこの過程こそが、本書の中であなたが発見して嬉しくなるであろう新しいムーブや役立つもの、そういった諸々を彼にもたらしているのです。"Duplex Change" や "Ballet Cut" などはその好例でしょうね。

私はジョンのルーティーンを見て非常に楽しみましたし、彼の手法をより良いものにしようと思いもしましたが、これが出来ませんでした。敢えて言うなら、ジョンが自分のルーティーンのために選んだり作ったりした手法というのは、それこそがベストなのです。それを変えようとするという試みは、複雑にしてしまったり実用性を失くしてしまったり、インパクトを削ぐような結果しか生まないでしょう。とはいえ、ジョンの作品を分析したり変えようとしたりすること自体は、彼の創造力の真価に触れる最良の方法でもあります。全力でぶつかってみると良いでしょう。

ジョンには、この素晴らしい作品集を私たちと分かち合ってくれたことに感謝を申し上げたい。この私が、こうも発表された通りにその作品を演じる、そんな作品を出すマジシャンが他にいるというのも考えづらいのですよ。それも、ワン·トリックだけじゃないってところが凄いよね。

ジャック·カーペンター
ワシントン州 シアトルにて
2010年2月

ABOUT ONE DEGREE°

さて、one-degreeってそもそも何なのでしょう？それは、このあとしっかりとご覧頂きますが、「小さな、意識的な改善によって、大きくて強力な結果を創りだすこと」です。ことに、1）あなたのマジックのインパクトをぐんと引き上げる。2）観客と結びつく。3）あなた自身が設定した目標を達成する。というところに於いて、ですね。若いマジシャンは、大きな結果を出そうとして凄い変化を試みがちですが、私としては“物凄く素晴らしいもの”というのは、私たちが思っているよりも近いところにあるのではないかと考えています。one-degree――たった1℃の差のように。

The Boiling Point －沸点－

水を99℃まで温めても、何か物凄いことなど起きません。ですがもうone-degree、1℃だけ温めたらどうでしょうか。そう、沸点に達するのです。たった1℃の差が、“特に動きのない水”と、“力と可能性が沸き起こる水”とを隔てているのです。たった1℃変わっただけで、物事が超越的なレベルに変わる、もはや魔法のようです。これを私たちのマジックに適用してみますと、one-degreeのアプローチ、というのは抜本的な変化ではなく、本質となる部分の微調整、ということになるでしょうか。あなたのお気に入りのトリックについて考えてみてください。そこに加えられてきた変更は、長年に亘って慎重に調整されてきたもので、その手順における一番の長所を活かすべく組み上げてきたものなのでしょう。one-degreeの変化、というのは非常に単純なものであるかもしれません。カードを示す前に一拍おいたり、あなたの演技の台本に特徴的な一言を付け加えたり、スライト（手技）をサトルティ（工夫）に置き換えたり（またはその逆）、はたまた、あなたの助手役の観客をちゃんと名前で呼んでみる、などですね。あなたのユニークな強みを自覚すること、演者としてあなたは一体何者なのか、そしてあなたの望む結果とはどんなものかを正確に知ることが大事なのです（p.62のThe Napkin Approachも参照してみてください）。

One Degree of Connection－直接のつながり－

観客と結びつくという点でも、one-degreeの概念は再び、そして今回は少し違った文脈で出てきます。あなたも聞いたことがあるでしょう、スモール・ワールド（“世間は狭い”）現象、“ケヴィン・ベーコン[訳注]の６次（Six-degree）の隔たり”というものを。これは“たった６人を介するだけで、世界中の誰でも、ケヴィン・ベーコンの知り合いといえる”というものですね。マジックは、この６次の隔たりを、いっぺんに１次（one-degree）つまり、直接の友達にしてくれるという、とても素晴らしい変化を起こす機会を私たちにもたらしてくれます。たとえそれが見ず知らず、赤の他人とであってでもです。さて、ではどのようにあなたと観客を結びつければ良いでしょうか？どんなone-degreeがありますか？まずは、どのように見えるのか、という観点から考えてみてください。私はそれぞれの観客の体験というものに真摯に向き合い、かつ集中することで全ては始まると考えています。あなたのマジックが持つ全ての要素、つまりプレゼンテーション、創造性、パーソナリティ、スライハンド、調和、紡がれる言葉、アイ・コンタクト、諸々を正確に認識し、その全てを噛み合わせて、自然で、そして意義ある結びつきを観客との間に創りあげるのです。

Hitting Your Target－目標の達成－

私たちはそれぞれ、自分のマジックにおける目標を持っています。ここで質問ですが、私たちは自分の目標というものをきちんと捉えることが出来ているでしょうか。自分をアーチェリーのエキスパートだと思ってみましょう。矢を番えて弓を引き絞り、目標のど真ん中を見据えています。どんな方向でも構いませんが、狙いがほんのone-degree分ずれただけで、矢は的に命中するか外れるか、結果は大きく違ってきてしまうでしょう。one-degreeというレンズを通して私たちの結果を見てみれば、狙いを付けるときに注意深く調整をすることがいかに大切か、お分かり頂けると思います。

ですので、「もっと遠くを狙おうよ」ですとか「バーを上げてみよう」などの曖昧なアドバイスは忘れましょう。また、どうにか成長したり前へ進んだりす

[訳注] アメリカの俳優。様々な分野の映画やドラマに出演していることから、この“6次の隔たり”という思考実験の基点にされました。これは直接の共演をベーコン指数１次とし、そこから遠ざかるほどに２次、３次となっていくもの。インターネット・ムービー・データベース（IMDb）に記載された約210万人の俳優のうち「ベーコン指数」を持つ人物は約130万人、そのうち約110万人（約83%）が３次以下であるとされます。

るために、戦略を完全に違うものへと変えてしまうとか、全てのレパートリーを作り直したりした方が……、といった誘惑は毅然と撥ね除けてください。そうではなく、意識的に集中し、それが改善なのかどうかをきちんと判別しましょう。そうすることで私たちは、“良い”瞬間を、“物凄く素晴らしい”瞬間へと変える、飛躍的なジャンプをすることが可能となるのです。

ジョン·ラッカーバーマーがかつて私をそう評したように、私は自分自身を、マジックに関して“反抗的な探求者”だと思っています。私は常に、アプローチ方法やアイディア、プレゼンテーション、それからそれらの“隙間”のことを考え続けています。そしていま、この数年で湧き上がってきた沢山の新しいアイディア、それらを1冊の本にまとめる完璧なタイミングだと感じたのです。このプロジェクトはある種のノスタルジックな感覚を思い起こさせてくれました。2003年に私は『*Brainstorm*』というDVDを作りましたが、いま、あのときと同じ心、同じ気持ち、それでいて新たな現象や考えも取り込むことが出来ています。

本書『*One Degree*』には、新しいカード·マジックだけでなく、過去に発表して高い評価を受けた作品で、その細部をより深掘りすべきだと私が思ったものも幾つか収録されています。何年にも亘り、多くのトリックについて、「これこそ私のone-degreeの改善だ」と信じるに足るものを加え続けてきました。インパクトを強め、観客との結び付きを強めてくれる、そう私が確信した大事な微調整を、です。その結果はこの本全体に鏤めてあります。

本書に収められた事柄があなたの刺激になることを、それからあなたが自らのマジックに内在している全ての大切なone-degreeについて、より多くを探求し、発見することを願って。

もくじ

FOREWORD *p.5*
INTRODUCTION *p.8*
ABOUT ONE DEGREE° *p.11*

CHAPTER 1 —— GET CONNECTED
TRUTH IN ADVERTISING° *p.19*
EITHER OR° *p.24*
PALM READER PLUS° *p.29*

EASSY : Strong Connections *p.35*

CHAPTER 2 —— HANDS-ON EXPERIENCE
INTRO-VERTED° *p.43*
MR. E. TAKES A STROLL° *p.52*
RELAY° *p.56*

CHAPTER 3 —— FOURSCORE
QUANTUM KINGS° *p.67*
IMPOSTOR° *p.75*
SOLO° *p.82*

EASSY : The Napkin Approach *p.90*

CHAPTER 4——POCKET POWER
HOMAGE TO HOMING° p.95
POCKET CHANGE° p.104
KEY CLUB° p.113

ESSAY : Magic T.I.P.S. p.119

CHAPTER 5——WORKER'S TOOLBOX
OVERTURNED COUNTS° p.125
BIDDLELESS° p.129
DUPLEX CHANGE° p.136

ESSAY : Serendipity p.148

CHAPTER 6——TRI-UMPH !
BEHIND-THE-BACK TRIUMPH° p.153
BALLET STUNNER° p.159
MORE ON THE BALLET CUT p.169

CHAPTER 7——PERFECT STORM
LOST & FOUND° p.175
INTUITION° & OUT OF THE BLUE° p.187
VINO ACES° p.201

EPILOGUE° p.211
Thanks p.213

訳者あとがき p.215

CHAPTER / ONE

GET CONNECTED

- Truth in Advertising
- Either Or
- Palm Reader Plus

これから紹介する３つのトリックは、
観客についていま少し知ること、あなたについて知ってもらうこと、
そして最終的に彼らと強力な結びつきを作ること、
そんな狙いを含んでいます。これらはどれも素晴らしく実用的な作品ですし、
それぞれ一揃いのものとして、極めて密接にリンクしています。

TRUTH IN ADVERTISING°

Effect：観客はサブリミナル広告の影響を受けてしまい、ブランク・デックの中にただ1枚だけしかない、印刷されたカードを選ぶことになります——そして驚くべき真実が明かされるのです。

これは私の大好きなオープナーであり、極めて簡単です。本作は私のトリックである “Optical Opener”（『*Second Storm*』DVD, 2007）を進化させたものになります。one-degreeとして加えたのは、“裏の色の違うカードを1枚使う”というもので、これにより、前作よりも遥かに強力なトリックになりました。

Setup：赤裏のブランク・カードを1枚用意し、その裏面に太くはっきりと “Pick Me（私を抜いて）” と書いておきます（写真1）。これを青裏デックのボトムにセットしてください。

写真1

Method & Presentation：広告や宣伝という話題から切り出しましょう。私の場合はこんな感じです。「私の本業は実は広告業なんですよ。いや、夜はこうしてマジックを演じて過ごしているわけですが。ですので、あなたが私を広告業界の人間かマジック界隈の人か、どちらとしてご覧になっているかは分かりませんが、基本的に私は『生きるためにいつも嘘をついている』のです。広告、というのは想像以上に私たちの行動に影響を与えているものです。今日はあなたにもすぐ実践出来る、3つのルールをお教えしましょう。これでもう二度と、見栄え良く飾られた広告に騙されなくなること請け合いです。さあ、デックを使って説明しましょう。**ルールその1：決断するのに広告の影響を受けてはならない**　それではカードを何でも構いませんので１枚触ってください。どれでも完全に自由に選べる、ってことをお忘れなく。何かに影響されちゃあいけませんよ」

デックを裏向きでスプレッドし、観客にどれでも好きなカードに触ってもらいます。それを抜き出したらどこかに置くか、観客に持っておいてもらうかしてください。いずれにせよ、まだ誰もそのカードの表は見ないようにします。

「**ルールその２：決して商品をパッケージで判断してはならない**　いま、こうやってデックを使っているのも同じですよ。私たちにはいま、この裏の面しか見えていませんが、よーく見てみれば、どのカードもまだ表の面は印刷されていないということが分かるでしょう。つまり……全部真っ白ってことです！」デックを裏向きで持ち、何気なく何度かスイング・カットをしますが、その度にチラチラとブランクの面を見せるようにします。右手に残ったパケットは、左手に渡したパケットの下に入れましょう。デックをひっくり返してリバース・ファンを行い（右から左へ）、全てのカードが“ブランク”であることを示してください。ここでのコツは、ファンを作る際、デックを広めにビベル[訳注1]してからやることです（写真２）。こうすることで、より大きなファンでディスプレイすることが出来ます（写真３）。私はいつも、表の面を自分の方に向けてファンを作り始め、ピップス（マーク）がうっかり見えてしまうことがないようにしています。

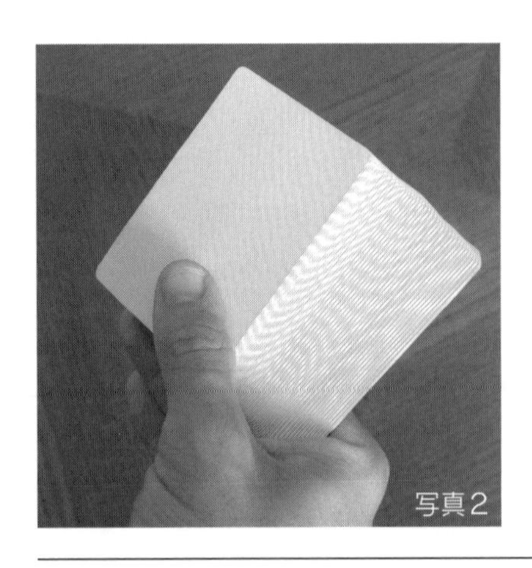
写真2

写真3

[訳注1] 傾斜をつけること。演者の側から見たときに、デックの手前側面がいつもの長方形ではなく平行四辺形の状態にすることです。

写真4

写真5

「ちょっと面白いのは、私はいつも1枚だけ、印刷済みのカードをデックの中に入れている、っていうことです。うーん、なのに、この真っ白のデックの中にはそれ、見当たりませんよね。はてさて、どういうわけかは知りませんが……あなた、まさかよりによってそれを抜いたりしていません？」観客に、選んだカードを表向きにしてもらい、それが"唯一の"印刷されたカードであることを示しましょう。

選ばれたカードをリバース・ファンの真ん中あたりに差し入れますが、アウトジョグしたままにします（写真4）。これは公明正大なディスプレイになります。大人数相手のときには、私はいつも右手を肩のところまで上げることで、この状態がはっきりと見えるようにしています。選ばれたカードを突き出させたままファンを閉じていきますが、少々不揃いなまま、縁の白い部分が見えているような感じにしてください（写真5）。私はこのサトルティが大好きなのです。選ばれたカードはデックの表側に移します。

デックを裏向きにひっくり返し、何気なくカットします。続けて、「ではここでもうひとつ、**ルールその3：サブリミナル広告にご用心**　サブリミナルというのは、私たちが意識の上では受け取れないようなメッセージです。1950年代、映画館のスクリーンに"Buy Coke（「コーラを買いましょう」）"というメッセージを一瞬だけ映すという実験がありました。誰一人として意識的にはそのメッセー

訳注2 このサブリミナル実験、およびその効果自体は疑わしいそうですが。

ジを見ることは出来なかったにもかかわらず、コーラの売上は伸びた、というお話訳注2ですね。それと同じように、さっきあなたにカードを選んでもらったときも、実はサブリミナルは使われていたんですよ。勿論、あなたはもうそのことを知ってしまいましたので、いま見ればそんな広告であってもビルボード（巨大な屋外広告）並に目立ってしまうとは思いますけれど」

写真6

赤裏のカード（「私を抜いて」）が出てくるまで、デックを裏向きにスプレッドしていきます（写真6）。これは驚きを与えると同時に大変ユーモラスな瞬間になるでしょう。赤裏カードとその次の１枚まで広げ、その下に左手小指でブレイクを取ります。右手はデックの上半分をスプレッドした状態のまま持っておいてください。右手の指先を使って、左手パケットの上で先ほどのブレイク上のカード２枚をダブルのまま表向きにひっくり返し、選ばれたカードであることを示しましょう。

右手のカードを左手のパケットの下に入れます。続いて、トップ２枚の表向きのカードの下にブレイクを作るのですが、それを簡単に作ることの出来る、私のちょっとしたムーブを行いましょう。デックを非常に緩く右手エンド・グリップで持ち、僅かに下方向に放るのです。これで、ナチュラル・ブレイクより下のカードは左手へと落ち、労せずして右手には２枚のカードがしっかり揃った状態で残るという寸法です。このダブル・カードをデックから右側にはみ出るようにして置き、ずれないように左手の親指でしっかりと押さえつけます。ダブル・カードをデックの上に裏向きにひっくり返し、トップ・カードだけを観客に手渡しましょう。

「おっといけない、ルールをもうひとつ忘れていましたよ。曰く、**広告の中で見たもの聞いたものは、どれも信じてはいけない**　さて、あなたはこの全く印刷されてない真っ白なデックから、ただ１枚だけ印刷されたカードを確かに選びましたよね……」この劇的なタイミングで赤裏のカードを取り上げ、テーブル、もしくは観客の手の上で擦ります。あたかも表の面を消し去ろうとしているかのように。続けて、「ですが広告の“本当の”真実、そうです、つまり事実は逆で――“完全に印刷されたデックの中に、たった1枚だけ真っ白なカードがあった”んですよ！」

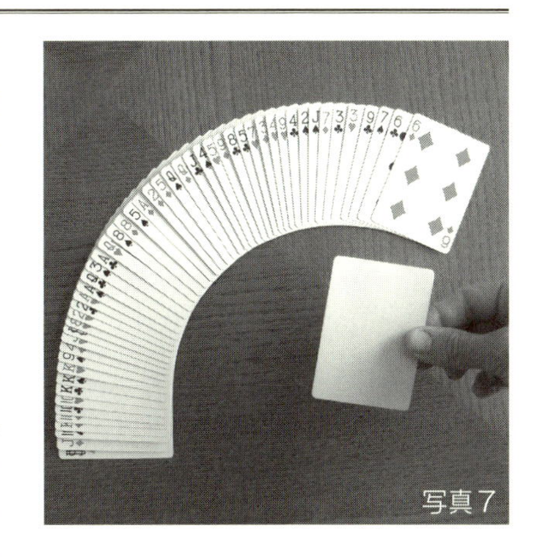
写真7

赤裏のカードを表向きに返しますが、それがいまやブランクになってしまっています。この現象に対する観客の反応が落ち着くのを待って、残りのデックを全てスプレッド、“全てのカードが印刷済み”であることを示しましょう（写真7）。全て検め可能です。

NOTES and CREDITS

●『The Sphinx』, Vol. 23, No. 2（1924年4月号）で、ウォルター・B・ギブソンの“The Appearing Spots -A New and Sensational Effect With Cards-”にて、右から左方向にファンを作ることで、デック全体をブランクに見せるやり方についての記載があります。

●“Truth In Advertising”で最も強力な部分は、おそらく“手法とプレゼンテーションの両方の側面でブランク・カードを使う”というところでしょう。この手順のタネとなるブランク・カードを、実に悪魔的な方法で、実際に観客の前に晒すことが出来てしまうのです。ブランク・カードをプレゼンテーションの一部として使うことで、完全にクリーンな状態で終えることが出来ます。

●このトリックは簡単にリセット可能です。この演技が終わったら、1枚だけ違う余分のカードはカードの箱の中にしまい、そのまま自分のルーティーンを続けてください。次の演技の前に、デックを先の1枚のカードの上に入れれば、またこのトリックを演じる準備が出来たことになりますね。

●広告というものはみんなが知っているものです。これは洋の東西を問わない題材でしょう。一般的な人は、1日あたり実に3,000もの広告メッセージに晒されています。好きなコマーシャルについて聞くというのは、この手順の良い導入になることでしょう。会話の糸口を、そしてあなたについて知ってもらう機会をフイにしないようにしましょう。

EITHER OR°

Effect：観客は楽しい二者択一の「どっち？」クイズに答えていきますが、それは彼女について知るのみならず、彼女の選んだカードが何かを知る助けにもなるのです。

このトリックは、単に「カードを１枚選んでください、私がそれを見つけ出します」というもの以上の、観客の興味を高めて、場に笑顔をもたらしてくれる、そんな可能性を秘めています。それに加えて、演技の最中に、次なるトリックに備えてデックにスタックを作ることが出来る、という利点も組み込まれています。

Setup：本作にはセットアップは特に要りません。実は、このトリックの真の狙いは、このあとに続けるトリックのセットアップを行うことが出来る、ということなのです。ですので、少し先を考えて、少量のスタックを即席で作りたい、例えば４枚のエースとかですが、そういうときに使ってください。ここでの説明では、本書の次のトリック“Palm Reader Plus”に備えて、トップに４枚のクイーンをセットすることにします。

Method & Presentation：やり方は極めて直接的、そう、カードをグリンプスするだけ。しかしそれをどう当てるのか、そこが面白いところです。私は普段、スタンダードなリフル・ピーク／グリンプスを行います。シャッフルしたデックを、表側が観客の方に向くように立て、右上のコーナーを手前にリフルしていきます。観客が「ストップ」と言ってくれたところで止め、そ

写真１

このカードを見てもらいましょう。デックを揃えますが、選ばれたカードのところに左手小指でブレイクを取っておきます。これから、カードをグリンプスするために、テンカイ・ブック・ブレイク・ターンオーバーを行いましょう。左手親指をデックの下に回し、デック自体を回転させていきます。デックの長辺がいかに自然にビベルされるか見ておいてください（写真１）。ブレイクがあるおかげで、選ばれたカードのインデックスのコーナーが、少しだけ突き出ることになります（写真２）。これをいかに観客に気付かれずグリンプス出来るか、というのが勘どころです。私の場合、観客の目をじっと見て、右利きか左利きかを聞くようにしています。観客が答えたら、左手を手の甲が上になるように返しながら、観客の方へと伸ばしていきます。この瞬間、観客に「シャッフルしてください」とデックを手渡す動きの中で、カードのインデックスをグリンプスするのです。

写真２

デックを返してもらったらこう言います。「あなたのカードを見つけるのには、あなたという人についてもう少し知らなければなりません。ですので、これから幾つか簡単な質問をします。正解とか不正解とかそういうのはありません。あなたについてのお話ですからね」デックを、表を演者の方に向けて立てて持ちます。そうしたら、あなたが次のトリックで使いたいカード群（この例では４枚のクイーン）と一緒に、先ほどグリンプスしたカードをアップジョグしてください（写真３）。「質問には正直にお答えくださいね。そうすれば、より正確にあなたの心を読むことが出来ますので」ここからが少し面白いシーンになります。

写真３

「どっち？」という質問をしていきましょう。例えば「好きなアイスクリームは……チョコレート？それともヴァニラ？」みたいなやつです。観客の回答にかかわらず、突き出したカードをじっと見、クイーンを1枚抜き出してそれをデックのトップへと移します。選ばれたカードが1枚だけ残るまで、この“質問”と“クイーンをトップへと移す動作”を繰り返してください。観客には、あたかも観客の回答に応じているかのように、カードが注意深く取り除かれていっているように見えます。以下に、幾つか質問例を載せておきます：

●夜更かし派？それとも早起き派？
●愛？それともお金？
●イジる派？それともイジられ派？
●自分の意見をキッパリ言う？泥沼論争化が好き？
●一生懸命働く？殆ど働かない？
●天国への階段？地獄のハイウェイ？
●甘々？それともぴりっとしてる？(君のことだよ。食べ物の好みじゃないよ)
●真実を言うか？挑戦するか？「Truth or Dare?」[訳注1] (回答が“truth”だったら、冗談めかしてこう聞きましょう。「あなたのカード、実は何だった？」“dare”でしたら「さあ、カードが何だったか言ってみろ！」です (笑))
●新しい本好き？それとも古い映画好き？
●M&Mチョコはプレーンとピーナッツ入り、どっちが好き？
●クラスの人気者？それとも優等生？
●冷たいビール好き？それとも温かいブランデー？
●生きるべきか？それとも死ぬべきか？
●貯蓄？それとも散財？
●ビートルズ派？ストーンズ派？
●Mac信者？それともWindows派？
●紙好き？プラスティック好き？

ここでのポイントは、観客の回答に応じてカードを取り除いていっているように行うことです。それから観客の応答に対しては、気の利いたコメントをし

訳注1 Truth or Dareはパーティー・ゲームの一種。プレイヤーはtruth (真実を言う) かdare (挑戦する) かを選びます。“truth”と言ったら、周りのプレイヤーからの質問に正直に答えなければなりません。大体の場合、普段は答えづらい「誰が好きなの？」とか「本当は自分より頭悪いと思っている友達は？」のような質問が投げかけられま

たり、笑ったり、あなた自身についての話をするなどして、これをうまく活用してください。「ホント!?私もそれ大好きなんですよ!」「普段の私はビートルズのファンでして」「おお、それもう少し詳しく!」遠慮なんかしないで言ってみましょう。

スタックに実際必要な枚数以上の質問をすることで、プレゼンテーションを引き延ばしたいと思われるかもしれません。どうぞ、お好きなだけ質問してしまってください。その場合は、最初にどうでもいいカードを余分にアップジョグしておき、それらはデックの真ん中へと戻していけば良いだけです。カードが1枚だけ残ったら、それを見せてこう言いましょう。「いやあ、なんだかずっと前からあなたのことを知っている感じがしてきました。[選ばれたカードの名前] のことを考えてたでしょ?」

NOTES and CREDITS

●テンカイ・ブック・ブレイク・ターンオーバーは彼に関する本『*six tricks*』(1958) に載っています。

●ジョン・バノンは、著書『*Dear Mr. Fantasy*』(2004) の "LOS (Control)" において、グリンプスしたカードを探していきながらスタックを作り上げる策を紹介しています(『ジョン・バノン カードマジック』(東京堂出版、2013、p.42) 参照)。

●フォー・オブ・ア・カインドのセットにこだわる必要はありません。例えばロイヤル・フラッシュをセットするとか (CHAPTER 2の "Extra-verted")、拡張して13枚をセットするようなもの、例えばジョン・バノンの "Play It Straight (Triumph)" (『*Impossibilia*』, 1990) や、カレブ・ワイルズの "Superb 26!" (『*High Spots*』, 2009) などでも使えます。私は元々、"Either Or" を、Alex Elmsley の "Multiple Mindreading" (『*Collected Works of Alex Elmsley*』, Volume 2, 1994) で、6枚の記憶済みのカードをセットするのに使っていました。

●このトリックは面白くも、真っ当にも、またその両方ででも演じることが出

すが、これに正直に答えねばならないのです。一方で "dare" と言ったら周りの人からやるのが難しそうなお題を出してもらい、それを実際にやらないといけません。なお、映画『In Bed With Madonna』においてこのゲームをやるシーンがあり、"dare" と答えたマドンナが、ソーダの瓶で口淫の真似をさせられるシーンがあったりします。

来ます。面白い演出にしろ、真面目な演出にしろ、この手順のお楽しみは“質問をする部分”です。あなたのパーソナリティや演じ方に適した、あなた自身の質問リストを準備してみてください。そして、プレゼンテーションの最中、あなたが知った観客についての情報は、ちょっとであっても活用してみましょう。
●このトリックを演じているとき、観客の顔をよく見てください。彼らは真剣に答えてくれているでしょう。「観客の回答が本当に結果に影響を与えている」というこのトリックの演出に対し、ある種の心理的な信頼性が付与されているのでしょうね。
●傾聴を忘れずに。観客の反応に対してコメントし、演者自身はどうなのかを言ってみるなど、自然に発生する会話には常にオープンな姿勢でいてください。そしてまた、ここでの彼らの回答を憶えておくことで、演技の後の方でそのことについて触れることが出来ます。再度立ち戻ることは、観客との関係を深くし、継続性を付与する大変素晴らしい方法なのです。

PALM READER PLUS°

Effect：見たこともない手相のパワーで、４種のエースを選ばれたカードと同じスートのエース４枚に変え、更には選ばれたカードおよびそのメイト（同じ数字のカード）へと変えてしまうのです。全ては観客の手の中で起こります。

“Palm Reader”は元々私のDVD『*Brainstorm*』（2003）でリリースしたものです。今回紹介するそのアップデート版は、それをより強力にすべく工夫を加えたものです。1）カードを選んでもらう際、トップにあるエースが保たれるようになり、このことでテーブルが不要になっただけでなく、エースを取り除いて、無駄にデックに戻すというぎこちない部分を解決した（マーク・タムスによる素敵な助言のおかげです）。2）変化させるフェイズの最中、２番目のカードをよりディセプティブに示せるようにした。3）最後に、オプションとして残りのエースも取り出せるようにした。これは単なる“カード・マジック”というものを超越し、観客にとって“強力で記憶に残る体験をもたらすもの”へと進化したのです。

Setup：デックのトップにどれでもいいので３枚のメイト・カード（同じ数字のカード）をセットします。色の並びは憶えやすいでしょう――同じ色の２枚で、残る色の１枚をサンドイッチしておけばOKです。フォースするカードは上から３枚目です。こうなるように演技の最中にカードをカルしてくるか（後述）、でなければ前のトリック“Either Or”を使うなどしてセットします。

Method & Presentation：シャッフルしたデックから４枚のエースを抜き出すところから始めます。エースを探すため、まずざっと一度デックを広げて同数字のペアを探し（少なくとも１つのペアくらいは見つかるでしょう）、表の面をこちらに向けたときに一番向こう側になるようにそこからカットします（ここでは例としてクイーンを使います）。エースをアウトジョグしつつ、もう１枚のクイーンをスプレッドの下でカルし、３枚の色が交互になるように先ほどの２枚との位置を適宜調整します。ここではトップから順に、ダイヤのクイーン、スペードのクイーン、ハートのクイーンの順とします。４枚のエースを抜き出し、裏向きにしたデックの一番上に表向きで置いてください。この際、フォースするカードと同じスート（ここではハート）が、表向きのパケットの一番下になるようにさりげなく並び替えます。デックを揃えつつ、３枚目のクイーンの下にブレイクを取ってください。これでいま、トップ７枚のカードの下にブレイクを保持していることになります。「いままで手相を見てもらったことってありますか？ええと、これからそれっぽいことをやってみようと思います。あなたの手のひらと、この４枚のエースを使ってね。まず、デックの真ん中あたりにあるカードを思ってもらいます。この４枚のエースはあとで使いますので、いまは上にのせておきましょう」

写真１

以下に説明するようなかたちで、ハートのクイーンをフォースします。左手親指で、デックのコーナーを弾いていき、観客に好きなところで「ストップ」と言ってもらいます。その部分から分けるように見せて、実際にはブレイク上の７枚を持ち上げてください。この７枚は深めのオーバーハンド・グリップに持ち、ボトム・カードがしっかり観客に見えるよう、垂直に立てるようにします（この角度でパケットの薄さもごまかすことが出来ますね）（写真１）。同時に、左手も下向きに傾けることで、その厚みを隠す一助になります。カードを見てもらったら、そのまま下のパケットの上に重ねますが、このとき、その間にはブレイクを保ちます。ここで左手親指を使ってさっとリフルすることで、カードがデックの中に埋もれてしまったことをより強調することが出来るでしょう。

「４枚のエースというものは、それぞれトランプのマークを代表しています。エースが他のカードよりも強力である所以ですね」ここから、以下に記すようにしてブラウエ・アディションを行います。７枚のパケットをデックから少し持ち上げます。左手親指でトップのエースを引き取り、右手パケットの左縁を使い、左手のデックの上に裏向きにひっくり返します（写真２）。次のエースでも同じ動きを繰り返してください。３枚目のエースも同じようにしてひっくり返したら、右手のパケット全部をデックの上にのせます。そうしたら、デックのトップのエース１枚を裏向きにひっくり返しましょう。トップの４枚のカードを広げ、順番を変えずに右手に取ります。これでエースのうち３枚を、３枚のクイーンとスイッチしました。デックはもう必要ありませんので、観客の誰かに渡すなり、脇によけるなりしておきましょう。また、自分のジャケットのポケットに入れるのでも構いません。この場合、このトリックが一旦終わったあとにデックをスイッチすることが出来るという、素敵な追加効果も見込めますね。

写真2

「手相から、あなたについて色々なことが分かるものです」ここは彼女の手相を見たり、コールド・リーディングするのに良いタイミングです。これの前に紹介した“Either Or”に続けてこれを演じているのでしたら、先に知った彼女の情報を拡張することも出来ますね。工夫して楽しんでみてください。

“エース”をさらっと混ぜたように見せますが、実際にはリバース・カウントで並びを逆順にしてしまいます。そうしたらボトムのカード（エース）をトップへとのせます。「先ほど選んだカードのスートについて、集中してくださいますか。それぞれのエースをあなたの手のひらにかざしてみたいと思います。強い何かを感じるまで……」トップのカードを右手に取り、観客の手のひらの上に裏向きのまましばらくかざしたら、そのカードはボトムに移します。続くカードでも同じことを繰り返してください。３番目のカードを持って観客の手のひらの上にかざしたら止めます。このカードを束の間、パケットから横に半分ほど突き出た状態でのせ、何かを確かめるかのように、空いた右手を観客の手の上にかざします（空の右手を使う、ということで、カードをパケットの上に置いてくる理屈付けとしています）。「待ってください。ここに何かありそうです。あなたの手はこのカードについて何か伝えたいみたいです……ハートのエース。あなたのカードはハートでしたか？」パケットを揃えて、トリプル・ターンオーバーをします。ハートのエースが現れるはずです。もう一度トリプル・ターンオーバーを行い、トップ・カードを観客の手のひらの上に裏向きで置きます。

「エースはもう３枚あります。何が起こるかお見せしましょう。このエースをあなたの手のひらの上で持つと、ハートへと変わってしまうのです」トップの２枚を１枚のようにして右内側コーナーをつまみ（事前にバックルないしピンキー・プルダウンをしておくと良いでしょう）、このダブル・カードを観客の手のひらの上でゆらゆらさせます。ダブルで持っているので、パケットに戻すことなく、そのまま２枚目のハートのエースを示すことが出来るのです。ここはちょっとした部分ではありますが、オリジナル版と比して重要な改善点だと思っています。右手を内側に返して、ハートのエースをしっかりと見せます（写真３）。表向きのダブル・カードを左手の方へと持っていき、左手親指でしっかりと挟んでください（写真４）。ダブル・カードを裏向きにひっくり返し、トップのカードを観客の手にのせます。

写真３

写真４

３番目のカードを観客の手のひらの上でゆらゆらさせ、またそれがハートのエースであることを示しましょう。このカードもまた裏向きにして、観客の手のひらにある他のカードの上に置きます。

最後のカードを彼女の手のひらの上で揺らしてこう言います。「最後のエースもまた、ハートに変わってしまいます……ですが他の何でもいいハートというわけではなく……ハートのクイーンです」カードを表向きにし、他の３枚の裏向きのカードの上に置きます。

「あなたもマジックが出来るって、ご存知でした？ほら、あなたの“手品線”はもうぶっちぎりじゃないですか。もう片方の手を、カードの上でゆらゆらしてみてくれますか。さあ、ご覧ください！まさにあなた自身のその手の中で、全てをあなたのカードと同じ数字のカードに変えてしまったのですよ！」

ここで、以下に説明するジョン・バノンのディスクレパンシー・シティ・ディスプレイを行います。４枚のカードを取り上げて表向きにひっくり返します。クイーンが見えるでしょう。表向きのままエルムズレイ・カウントを行いますが、カウントの最中に出てくる裏向きのカードをアウトジョグします。カウントを終えたら、そのカードを抜き出して右手で取り上げて表を見せ、選ばれたカードであることを示します。ここで終えても構いませんし、更に、駄目押しのディスプレイをしても構いません。もしテーブルがあれば、私は続けて以下に説明する自分のフォールディング・カウントを行っています。もうひとつは私のオーバーターンド・エルムズレイで、これはテーブルが無いときに便利です（CHAPTER ５をご覧ください）。

FOLDING COUNT－テーブル上における、その優美なるディスプレイ－

2009年のMAGIC Liveにおいて、フォールディング・カウントはかなりの関心を惹きました。これについて非常に楽しんでくれていたジョン・バノン、サイモン・アロンソンの両氏と共に、昼食をとりながらこれを深掘りする機会を得たのです。フォールディング・カウントというのは、４枚のカードを１枚ずつ、表も裏も見せたようにしつつ、その実ボトム・カードの表は見せないという素晴らしい技法です。これはオーラム・カウントを元にしており、表向きでのエルムズレイ・カウント、ないしジョーダン・カウントの良い代替になります。本作においては、バノンのディスクレパンシー・シティ・ディスプレイの直後にこれを行うのです。右手に、まだハートのクイーンを表向きで持っている状態で、左手パケットのトップ･カードを右手のハートのクイーンの下に取って揃えてください。いま、両手にそれぞれ表向きの２枚を持っていることになりますね。ここからのカウントは、左･右･左･右のリズムで行います。

左手――左手親指を左手パケットの下に差し入れて裏向きに返し、動きを続けつつトップ･カードをテーブルに押し出して置きます（写真５）。

写真５

右手――右手親指でトップ･カードを右方向に引き、下側のカードの左の縁を露出させます。この下側のカードの縁を、テーブル上に置いたカードの右縁に接触させます。その部分を回転の中心にして、カードのグリップを緩めつつテーブル上のカードの上に、左方向へとひっくり返します（もしテーブルが極端に滑りやすい場合は、左手の指先でテーブル上のカードを軽く押さえます）（写真６）。

写真６

左手――左手人差し指を曲げて、人差し指と中指の間にカードの右縁を挟みます。そうしたら指をまっすぐに伸ばすことで、カードを表向きにひっくり返してください。このとき、このカードの右縁がテーブルのカードの左縁に接するようにし、そこを軸にテーブルのカードの上に、右方向へとひっくり返します（写真７）。

写真7

写真8

右手――右手は、表向きに持っているカードの左縁をテーブル上のカードの右縁に当て、パケットの上に、左方向へとひっくり返します（写真８）。

つらつらと書いてきましたが、実際にこれを行うには数秒程度しかかかりません。

POST-PRODUCTION －どんでん返ししたいあなたに－

もしお望みであれば、以下のような劇的な方法でエースを再度取り出すことが可能です。フォールディング・カウントのあと、テーブルのパケットの上にデックをのせ、デック全体を取り上げます。いま、トップにエースが３枚、ボトムにエースが１枚ある状態です。

トップの２枚をパームしましょう（観客に先んじるための布石になります）。「いま見たものは全て幻で、エースはデックの中になどありませんでした」と言います。右手を右ポケットに入れ、１枚をポケットの中に落としてからもう１枚のエースを取り出してきます（パームしていたものの片割れです。これがステップ１になります）。それを観客に手渡してください。

デックを揃える動作で、デック全体をギャンブラーズ・コップの位置にし、同時にトップ・カードを前方に動かして深いオーバーハンド・グリップで持ちます（写真9）。デックをコップし、左手をジャケットのポケットへと持っていってください。ここでボトム・カードのみ、２枚目のエースとして取り出してきます。これを別の観客に手渡します。

写真9

右手のカードを左手に移しますが、深いディーラーズ・グリップで保持します。あたかもデック全体を持っているかのように見せるのです（写真10）。右手が空なのを見せてから、右ポケットに手を入れ、エースを取り出してきてください（ステップ1でパームして置いてきたものです）。これもまた別の観客に渡します。

写真10

写真11

右手を左手にかぶせ（写真11）、ゆっくりと押し潰すようにしていき、最終的に両手同士が平らな状態になったらそこで止めます。デック全体が消失し、ただ１枚、エースだけが残っていることを示します。

NOTES and CREDITS

● "Palm Reader Plus" は、ダン・フレッシュマンの『*The Restaurant Magic of Dan Fleshman*』Volume 1（2004）の、"Bullet for a Cowboy" に着想を

得ました。
●ル·ポールのブラフ·パスをフォースに使うというやり方は、ダローが自身の『*Secrets of a Puerto Rican Gambler*』(1980) の“Holding On”というトリックの中で紹介しています。
●フレッド·ブラウエが最初にブラウエ·アディションのコンセプトを“The Secret Addition”というタイトルで紹介したのは1945年5月の『*Hugard's Magic Monthly*』(Vol. 2, No. 12) 誌上で、その後この技法を洗練させたものを、ブラウエ·アディションの名前で同年の7月号 (Vol. 3, No. 2) にて発表しています。
●ジョン·バノンのディスクレパンシー·シティ·ディスプレイは、彼のトリック“Discrepancy City Prediction”(『*Smoke and Mirrors*』, 1991) からです。
●ヴァニシング·デックは、『*Magical Arts Journal*』(Volume One, NOs. Eleven & Twelve, June & July, 1987) の“Vanishing Traveler”が出るまで、殆どギャグのような扱いでした。このトリックはアルフォンソとレイ·コスビーにクレジットされます。

ESSAY

Strong Connections

マジックというのは私たちを人々と結びつけ、その人たち同士を、更には彼ら自身の中にある素敵な何かに結びつけてくれる、そんなツールです。以下に紹介するアイディアは、より強力に観客を結びつけることを中心に展開するものです。

Be you－あなたらしく－

どんな風にしたら、観客たちにあなたを――単にあなたのマジックのみならず、あなたそのものを知ってもらえるでしょうか？あなたのオープニングの口上は、ジェスチャーは、トリックはどんなものですか？それらは全部、適切にあなた自身が何者なのかを表現していますか？本物のあなた自身になりましょう。本物、というのは、内なるあなたと、外から見えるあなたが一致している、ということです。そうすることで、ステージ上でも、ステージ外でも、人々とより一層強く近しい結びつきを得ることが出来るようになるでしょう。

It's about the journey－旅立ちのとき－

自分がどこに行きたいかを知るのは素晴らしいことですが、A地点からB地点に行くだけ以上のことが、ここには存在します。道中の殆どが見どころになり得るのです。クライマックスの華々しい瞬間だけを盛り上げようとするのではなく、観客にフォーカスし、そこに至るまでの素晴らしい過程にもスポットライトを当てる時間を取りましょう。ゆっくりとしたペース、ないしは特定のタイミングで止めを作ったりすることで、観客たちが目の前の現象をしっかりと楽しめるようになります。目的地だけではなく、旅程そのものも楽しんでください。

Parts in a play－配役－

観客を、単にあなたを見ているだけの他人として扱うのではなく、こんなアプローチをしてみてください。観客を、あなたがまだ脚本を書いていない演劇の登場人物として考えるのです（これについては友人のトニー・“カード・

ファーザー”・ピカソに言われたものです)。あなたの演技は常に、一瞬一瞬の連続なのです。返事をしましょう。反応を返しましょう。観客たちが言うこと、やることを元に場面を展開していくのです。そうしながら、次なるシーンへと自然に繋がるようなタイミングを掴んでいきましょう。観客をこの現象、この体験の一部に取り込むことで、あなたと観客との結びつきはより強く、より忘れ難いものになるのです。

Be Audience-centric ー観客を中心にー

あなたのレパートリーの中で、あなたと観客との関係性をより深めることが出来る、何かちょっとした、one-degreeの改善を行える箇所はないでしょうか?人々の噂にのぼるような最新の話題に遅れないようにする、というのも良いでしょう。人を観察し、人と会話し、最新のトレンドに遅れないようにするのです。私の“Lost and Found”のプレゼンテーションは、空港でロスト・ラゲージ(預けた荷物がいつまで待っても出てこない、あれです)を探している人を見たことから考えついたものです。大多数の人には、この恐怖がどんなものか分かりますので、私はそれを中心にルーティーンを作り上げたのです。透明なスリーブをラゲージ・タグ、つまり荷物札として演出することで、ただの無機物でしかなかった小道具に意味付けをしました。本書にある3つのオープニング用トリックもまた、人々が自然に共感出来るような文脈や背景、演出を用いた、“Lost and Found”とはまた別の作例です。

Time to breathe ー息つく時間ー

ときに、真のリアクションがはっきりと現れてくるのに、いくばくか時間がかかることがあります。私は昔、人々のこの最初の沈黙を、彼らが“退屈している”、もしくは“興醒めしてしまった”というサインかと勘違いしていました。ですが本当に凄いリアクションというのは、少々の時間をかけて浸透し、それから表面に沸き上がってくるものなのだと学びました。次に何がしか観客の反応を待つような機会がありましたら、あなたが普段踏み込んだり先に進んだりするペースよりも何拍か長めに待ってみてください。あなたのマジックに、息継ぎをするための時間を設けるのです。ある種の沈黙は往々にして、観客たちの本当に輝かしく、とても素晴らしい感情表現を導いてくれますよ。

CHAPTER 2 TWO

HANDS-ON EXPERIENCE

- Intro-verted
- Mr. E. Takes a Stroll
- Relay

これから紹介するトリックは、より直接的、身体的に観客を巻き込むものです。
観客が見えないカードを持ったり、彼らの手の中でカードが変わったり。
いずれにせよ、マジックをより個人的なものとして体験してもらえることでしょう。

INTRO-VERTED°

Effect：クラシックであるインヴァージョン（反転）のプロットに基づき、観客に持ってもらった４枚の“見えない”カードがそれぞれ具現化していきます。それも徐々にパワフルな方法でもって！

選ばれた４枚のカード（ここでは例としてエース、２、３、４とします）がはっきりとデックの中に混ぜられますが、以下のように次々と出現していきます。まずエースがデックの中で表向きにひっくり返り、次にデック全体がひっくり返って２以外のカードが表向きになります。そして３はエースと２の間に裏向きで現れ、４は観客の手の中に実体化します。このトリックは大変視覚的であり、また手の中だけで行うことが出来ます。このトリックにおける私の好きな部分は、各カード当てのパートが、そのまま次の段の準備になっていることです。そうですね、手順タイトルとしてはIntroverted――内向的――ですが、私は実際そこまで内向的でも控えめでもないので言ってしまいましょうかね。実際評判良かったのですよ、これ。本作は『*MAGIC*』誌におけるジョシュア・ジェイのTalk About Tricksコーナーで発表されたトリックの中で選ばれる、「このトリックがすごかった！ 2009年度版TOP10」のカード・トリックのひとつとして表彰されました（元は2009年３月号, Vol.19, No. ７にて発表）。

元のトリックに親しんでいる方であれば、今回、セットアップの手順が原案に較べて改善、簡略化されている事にお気付きになるでしょう。いまや必要なカードは、単純な２ステップで所定の位置にもってくることが出来るようになったのです。

Setup：説明では自由に選ばれた４枚のカードを使うものとして記載していきますが、その場合、この手順は完全に即席なものになります。“Intro-verted”は４枚のエース・プロダクションとしても使えるトリックですが、その場合は事前に４枚のエースをトップにカルしておけば良いのです。もしエース・プロダクションとして本作を演じるのでしたら、以下に記載するステップ１～４については飛ばしてしまって構いません。

Method & Presentation：４人の観客にそれぞれ１枚ずつカードを選ばせます（ここでは例として順にエース、２、３、４とします）。これを以下のようにして４、３、２、エースの順で返してもらいましょう。

１．Four－デックの1/4ほどを持ち上げ、左手を観客の方に伸ばしてそこに４を返してもらいます。その上に右手のパケットをのせますが、その間にはブレイクを保持します。

２．Three－アンダーカットをして少枚数のパケットをトップに持ってきます。そうしたらブレイクのところから持ち上げ、そこに３を返してもらってください。先ほどの４の真上です。

３．Two－上記をもう一度繰り返します。少枚数をアンダーカットでトップに持ってきて、２をここまでに返してもらった２枚の上に戻してもらいます。右手のパケットをのせますが、間にブレイクを保持してください。そうしたら、パスでも何気ないカットでも構いませんが、ブレイクのところから分け、３枚がトップにくるようにします。

４．Ace－これからエースを３枚目の位置に持ってこなければなりません。そうすることで、あとで順序通り（エース→２→３→４）に示していくことが出来るのです。ここではブラフ・フォースがうまいこと使えます。トップ２枚の下にブレイクを取ってください。左手親指で、デックの側面をリフル・ダウンします。そうしたら、一見、デックを半分持ち上げたように見せますが、実際は２枚のカードしか持ち上げません（薄さは右手の指先でカバーします）。エースを返してもらうのに左手を観客へ伸ばし、カードをのせてもらったら、いかにも「エースがデックの真ん中あたりに埋もれてしまいましたね」と言わんばかりに、右手の２枚を左手のパケットの上に軽く叩きつけます。

４枚の選ばれたカードがトップから２、３、エース、４になっている状態で（もしくはフォー・エース・プロダクションとしてやっているのであれば４枚のエースがトップにある状態で）、トップ２枚より下をハーフ・パスでひっくり返します。続けてスリップ・カットを行いますが、右手のパケットは左手のパケットの下に入れてください。

いま、裏向きのように見えるデックを持っています。ですが実際にはトップにある２と、真ん中あたりにある３以外は全て表向きです。エースと４は真ん中の裏向きカードのすぐ上にきているでしょう。さあこれで、以下に続くカード当てフェイズの準備が整いました。

ACE－ひっくり返る

「これまでに、“見えないカード”って触ってみたことありますか？では触るチャンスを差し上げましょう（もし観客に「触ったことある」と言われたら「では本日、そのチャンスをもう一度差し上げましょう」と言います）」１人目の観客にお願いして、デックからカードを抜き出し、ひっくり返してからデックに戻してもらうふりをしてもらいます。このバイプレイの間、右手親指で表同士が接触しているナチュラル・ブレイク部分を探します。そうしたらそこにもう１枚、上側のパケットから加えてください（写真１）。上半分を右手で持ち上げ、左手パケットを観客に向けて伸ばし、見えないエースを返してもらいます。右手に持ったパケットをその上に落としますが、その際軽く前方向の力を加えることで、上側パケットのボトムのカードが少しインジョグされた状態になります（写真２）。右手親指でインジョグされたカードを押し下げ、左手小指でブレイクを取りましょう。エースを出すには、単にブレイクのところから持ち上げれば良いのです。「あなたのカードですが、デックの真ん中で、あっという間に表向きで見

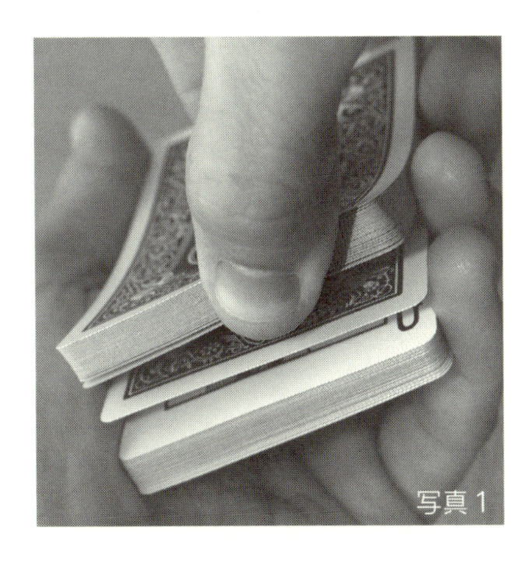
写真１

写真２

写真3

えるようになりました！」私はここで、マイク・ロジャースのアラウンド・ザ・ワールドというフラリッシュをサラッと演じるのが好きです。これは、エースが左手のパケットの周りをぐるりと回るものです（CHAPTER 6の“Ballet Stunner”、そこの写真2～4を見てください）。左手パケットのトップにエースを表向きに保ちつつ、それがトップにくるようデックをまとめます。このときデックは敢えてきちんと揃えず階段状にズレた状態にし、2枚の裏向きのカードが、エースの下およびデックの真ん中付近で見えているようにしてください（写真3）。このディスプレイの工夫は、続くカード当てをより強力なものにするone-degreeですね。

Two－インヴァージョン

2人目の観客にこう言います。「次はカードを1枚、見えないように抜き出すんじゃなく、デック全体をひっくり返すみたいなふりをして頂けますか？あなたのカード以外を全部、です」デックを揃え、表向きのエースを少しだけインジョグします（写真4）。手を少し下に傾け、デックの上でエースを少し滑らせデックと揃えましょう。そうしたらデックをスプレッドし（2枚目が裏向

写真4

写真5

写真6

写真7

きであるのは見えないように)、デックが全て表向きになってしまっていることを示します。真ん中あたりにある、ただ1枚だけの裏向きカードを除き、です(写真5)。これは非常に強力な瞬間ですので、観客に状況が浸透するのを待ちましょう。右手のスプレッドを使って、そのカードを表向きにひっくり返します。スプレッドを閉じつつ、2のカードをアウトジョグしながら揃え、少し左側に突き出るようなかたちにしてください(写真6)。

Three ――一瞬でサンドイッチ

トップのエースの下には裏向きのカードが隠れている状態です。この"後ろめたい"状況を活用し、アドバンテージに変えてしまいましょう(マックス・メイヴェンが自身の著作『*Focus*』で言うところの、"エコロジカル"なマジック[訳注]というやつです)。デックの上半分をまとめる動作の中で、トップ2枚の下に右手親指でブレイクを取ります。そうしたら、クリフ・グリーンのムーブを使って、1枚に見えるようにアウトジョグするのですが、以下のように行ってください。右手人差し指の先をトップ・カードに当てます。そうしたら、右手親指の先が、トップ2枚のカードの手前の端に触れるようにしてください。右手を前方に押し出していきます。一見トップ・カードを1枚だけ、右手人差し指で押し出しているように見えますが、実際には親指を使って2枚のぴたりと揃えたカードを押し出しているわけです(写真7)。このサトルティは、カードが1枚しか

[訳注] マックス・メイヴェン『パケット・トリック』(東京堂出版、2005、p.31)、エコロジカル(Twisted Location)

ないような印象を強めてくれるでしょう。

真ん中あたりのカードと、トップのカード（2枚ですが）を突き出し、それらを裏向きのカードを隠したまま抜き取ります。これをするには、まず右手の手のひらと指先が自分を向くように返します。アウトジョグされているカードを前からつまみ（右手親指がトップに触れるように）、正面方向に引き抜きます。3人目の観客にこう言います。「あなたにも、自分のカードを見えないように抜いて頂きたいのです。今度はデックの中に戻すんじゃなくて、この2枚のカードの間に投げ込んでください」観客の動作に合わせ、右手をサッと振りながら、右手親指でトップ・カードを引き込みます。こうすることで、裏向きのカードが1枚、エースと2、その2枚の間に裏向きで瞬間的に現れましたね（写真8）。この間に、左手でデックを裏向きにひっくり返し、トップ・カードの下にブレイクを取ります。

写真8

写真9

真ん中に挟まっているカードが何なのかを示すのに、右手を返します。左手親指を使い、このカードを左手デックの上に直交するようなかたちで引き取りましょう（写真9）。右手のひらが上を向くように返し、今度は表向きになっている2枚の間に、いま置いた3のカードを再びサンドイッチして取ります。パケットの前端を左手の親指の付け根のところに押し付けつつ揃えていくのですが、この際、デックのトップ・カードを、ファンの下で密かにスティールしてしまいます（写真10）。

写真10

写真11

Four－マテリアライズ

デックを脇にどかすか、誰かに手渡してしまいましょう。４人目の観客に手のひらをこちらに出してもらいます。３枚のカードで観客の手のひらを２・３度撫でつけてから、ファンの下に隠しておいたカードを置いてきましょう。ここは、まるで彼女の手の上にカードが具現化したように見えます（写真11）。これは一般の観客が大変驚く瞬間であり、トリックを締めくくる極めて強力な方法なのです。

EXTRA-VERTED：５枚のカードを使うバリエーション

これは、４枚ではなく５枚、例えばロイヤル・フラッシュなどを取り出してくることの出来るパーフェクトな方法です。こっちも素敵などんでん返しのあるトリックであり、締めくくりに最適です。理由はあとでお分かり頂けるでしょう。

これを行うのには２通りの方法があります。１つは密かにロイヤル・フラッシュのカードをトップへカルしておく方法、もう１つは、以下に説明するようにして完全に即席で演じる方法です。観客に好きなスートを１つ言ってもらいます。カードを表向きにスプレッドし、観客の言ったスートのロイヤル・フラッシュの５枚をアウトジョグしていってください。ここは、５枚のカードがデック全体に亘って散らばっているということを示すのが目的です。マルティプル・シフトを行い、これら５枚をデックのバック（トップ）へとコントロールしてください。デックを裏向きにひっくり返します。いまロイヤル・フラッシュの５枚はトップにきていますね。トップ２枚以外をハーフ・パスでひっくり返します。スリップ・カットを行いますが、右手のパケットは左手パケットの下に差し入れるようにしてください。この時点で、先に“Intro-verted”として説明したのと全く同じように最初の４枚を取り出すポジションになっているわけですが、４枚目を観客の手のひらに出現させるときに、ミスディレクションを利用して、デックを持った左手を左のジャケット・ポケットへと密かに近づけ、トップ・カード以外を全て中に置いてきてしまうのです。そのまま、この１枚のカードを深めにコップして持ち、まるでデック全体をまだ持っているかのように装います。

４枚目のカードを取り出したら、前に出した３枚と一緒に置いてください。空の右手を左手の方へと動かし、あたかもデックが１枚の厚みになるまで両手で押し潰していくようにしていきましょう。

TECHNICOLOR INTRO-VERTED：最後にデックの色が変わるどんでん返し

ジョシュア・ジェイが“Intro-verted”について物凄い発見をしてくれました。４枚のエースを取り出してくる最中、その他のカードの裏面は一切見えていないのです。つまりこの“Intro-verted”は、カラー・チェンジング・デック手順の前に演じるのに完璧な現象ということになります。青裏デックのトップに、赤裏の４枚のエース、その上にもう１枚何でもいいので赤裏カードをのせておくだけです。“Intro-verted”でカードを出現させる中、何度となく赤裏が見えるので、これには大変説得力があるでしょう。最後に赤裏のカードが１枚トップに残りますが、ここで簡単なカラー・チェンジを行うだけで、とてつもないどんでん返しになりますね。また、ここから独立したカラー・チェンジング・デックの手順を始めるのも良いでしょう。私の作品でいえば、“Ballet Stunner”（CHAPTER 6）や“Snowball Aces”（『*Brainstorm*』DVD, Vol. 2）のようなものが挙げられます。後者はエースを取り出す自然な理由付けになりますし、極めて超現実的で、人を惹きつけずにはいられないフィナーレを観客に見せることが出来るでしょうね。

NOTES and CREDITS

●“Intro-verted”は『*MAGIC*』誌の2009年３月号、ジョシュア・ジェイの担当するTalk About Tricksというコラムが初出です。これは私の以前の作品、“Synergy”という名前なのですが、その発展版として発表した作品でした（この作品は『*Brainstorm*』, Vol. ２に収録されています）。

●インヴァージョンというプロットについては、リチャード・カウフマンが『*Cardmagic*』（1979）にて、“World's Fastest Reversal”というトリックの中で紹介しています。

●クリフ・グリーンのダブル・リフトは、『*Professional Card Magic*』(1961)に載っています。

●最後の、カードを観客の手のひらの上に出現させるのは、ポール・ハリスの著書『*Art of Astonishment*』(Book 1, L&L, 1996)の“Open Revelation”に着想を得ました。

●当て方の順序については私自身で様々な試行錯誤を繰り返しました。この構成こそが最もひとつづきでまとまっていて、インパクトがあるものだ、と信じています。また、デック全体でのインヴァージョン現象を、何とかして最後に持ってくることが出来ないだろうかと考えたこともあったのですが、いま最後に据えている出現もこれで十分強力だと経験から学びました。きっと、現象が観客の手の中で起きるから、でしょうね。

MR. E. TAKES A STROLL°

Effect：エースのプロダクションと位置交換現象のあと、最初から秘密のカードとして観客に持っていてもらったものを見てみると、なんとそれは観客のサイン入りのカードなのです。

私の大好きなトリックのひとつに、ジャック・カーペンターの“Mysterious”というのがあります。以下に紹介するのは、完全に手の中だけで出来る、特にテーブルが使えないような状況において、即席で行うのに最適なバリエーションです。このトリックはカーペンターのトリックの巧妙で魔法的な美点を含みつつ、一方で、1）エース・プロダクションを加えた。2）テーブルが不要になった。3）最後のスイッチは片手のみで出来、より自然かつやりやすくなった（ブラザー・ジョン・ハーマンの“The Signed Card”にある、両手を使うバージョンと較べてみてください）。最終的なハンドリングに辿り着くにあたってサポートをしてくれた友人のマジシャン、ヤロン・フレズィに感謝を申し上げます。

ジャック・カーペンターは本作についてこう言っていました。「これは私の例のトリックを、本当にいつでもどこでも奇跡を起こすことが出来るという領域にまで持ってきた、最高にきびきびとした素晴らしいハンドリングだ。私もやるしかあるまい！」あなたもきっと、“やるしかあるまい！”状態になってくれるでしょう。

Setup：特にありません。

Method & Presentation：シャッフル済みのデックで始めましょう。“秘密の”カードを探すという口実でデックを広げていきます。このとき、観客から表の面が見えないように少し立てて行ってください。秘密のカードとしては、赤いエースのどちらかをアップジョグするのですが、このとき同時に残りの３枚のエースを黒－赤－黒の順になるようにデックのトップへと密かにカルしてしまいます。秘密のカードを抜き出し、観客に裏向きで持っていてくれるようにお願いしてください。カードの表は誰も見てはならない、ということを強調します。「私、マジシャンなもので、カードを選ばせてもらったことが一度もないんですよ。これ、フェアじゃないと思うんですよね。てなわけで、今日は、私がカードを選ぶところから始めてみたいと思います。ですが誰にも見せません。これは“秘密の”カードということにしましょう」

続けます。「さて、今度はあなたの番です。どれでも構いません、お好きなカードを選んでください」カードを選ばせ、その表にサインをしてもらいます（サインはオプションですが、してもらった方が良いでしょうね）。スイング・カットして、左手を観客へ伸ばし、セットしたエースの上に観客のカードを返してもらってください。そのカードがデックの中に埋もれてしまったように見せますが、のせた右手のパケットとの間には密かにブレイクを保ちます。パスかダブル・アンダーカットで、選ばれたカードとエース群をトップへと持ってきましょう。

「では、ウォーミング・アップとして、デックをカットしてエースを取り出してみようと思います。ちなみにエースは選んでないですよね？結構です」なにがしかフォールス・カットをし、続けてダブル・ターンオーバーをして黒のエースを示します。ダブルのまま裏向きに返し、トップのカードを観客が持ってくれているカードの上にのせてください。ダブル・アンダーカットを行い、トップ・カードをボトムへと移します。ダブル・ターンオーバーを行い、別の黒いエースを示してください。またダブルで裏向きにし、トップ・カードを今度は観客の持っているカードの下に差し入れます。こうすることで秘密のカードはサンドイッチされた状態になりました。こう言います。「黒のエースが秘密のカードをガードするのです」

「さてと、これから赤いエース２枚を、もっとすごい方法で見つけ出してみましょう。……それも同時に！」これからトス・プロダクションを行います。デックを左手でつまみ、これをサッと右手に向かって放り投げますが、この時にトップとボトムのカードだけを左手に残すのです。この２枚を左手でひっくり返して示しますが、２枚ともまた黒のエースです。デックを黒のエースの下に入れることで右手をフリーにします。続けて「私が黒のエースを持っている、ということは、……あなたが赤いエースを持っているに違いありませんね」ここで、実に悪魔的なスイッチを行うことになります。そう、それも片手で。まず右手を観客の持っているカードへと伸ばしましょう。ボトムのカードをオープンに抜き取って表向きにし、残る２枚のカードの上にのせます。続けて新たにボトムになったカードを取り、これも表向きにしてからまたボトムへと戻します。これは２枚の赤いエースを示すのみならず、真ん中のカードには一切触っていないように見えます。（このスイッチに関する備考については、本章のNOTES and CREDITS部を見てください）

観客はいま、２枚の表向きの赤いエースに裏向きのカードが１枚挟まれた状態のものを持っています。赤いエースは両方ともそのままにしておいても良いですし（私はいつもそうしています）、取り除いて観客の手の上に裏向きカードが１枚だけ、という状態にしても構いません。そしてこう言います。「エースの位置が入れ替わってしまった、というのは、謎の半分に過ぎません。私たちは引き続き、秘密のカードとは一体何だったのか、明らかにしないといけませんよね。あ、ちょっと気になったんですけど、いっちばん初めに選んでくれたカードって何でしたっけ？（反応を待つ）……え、それはありえないでしょう。［選んだカードの名前を言う］だったはずはありません、だってそのカードは、最初からいままでずっと、あなたが持っていたんですから」

NOTES and CREDITS

●ジャック・カーペンターの“Mysterious”は、スティーヴン・ホッブス著『*Modus Operandi*』（1992）で発表されています。

●エースの位置が入れ替わるところは、ルイス・ギャンソン著『*The Dai Vernon Book of Magic*』（1957）にあるDr.ジェイコブ・デイリーの“The Last Trick”を彷彿とさせます。より早い時期にこのプロットに触れたものといえば、ミルボーン・クリストファーの“Red and Black Aces”（『*Tarbell Course in Magic*』Vol. 5, 1948）ですね。

●トス・プロダクションについては『*Hofzinser's Card Conjuring*』（1910, 英語翻訳版は1931）の“The Four Eights”で触れられています。

●アル・リーチは自身のトリック“Red and Black”（『*Card Man Stuff*』, 1953）で、エースの位置を入れ替えるという文脈で“ホフツィンザー・トス”を使っています。

●カードを挟むという名目でスイッチするシーンは、ブラザー・ジョン・ハーマンの“The Signed Card”にあります。元々はリチャード・カウフマンの『*Richard's Almanac*』, Issue 14（1983）で発表され、後に同じくリチャード・

カウフマン著の『*The Secrets of Brother John Hamman*』(1989) でも解説されています。

●ボブ・ファーマーも片手で行う類似のスイッチを『*MAGIC*』の1993年2月号 (Vol. 2, No. 6) の "The Card of Turin" でやっています。ファーマーの作品は、テーブルの上、観客の指の下で行うものでした。

●ハーマンの "The Signed Card" のスイッチを片手で行うことは、矛盾をよりあからさまにしてしまうのではないかとお思いかもしれません。ですが、これはトリックの中において、以下の多くの理由から、物凄くディセプティブなものであるとお分かり頂けると思います。1) 3枚のパケットを一度に取り上げる必要がなく、これは正体不明カードには一切触っていないという観客の確信をより強めてくれる。2) 動作は一度にではなく2回に分けて行われ、これがより自然さを増し、かつ怪しさを減じてくれている。3) エースが入れ替わっているのを見た驚きが、演者の動作から観客の注目を逸らしてくれている。4) "片手のみを使う" ということに本来的に内在する公明正大さ、これは "演者が何がしかのスライハンドとかテクニックを使うかも" という疑いを晴らしてくれる。ほらね?

RELAY°

Effect：３人の観客にそれぞれカードを選んでもらってデックの中に戻してシャッフルしたあと、１枚のカードをリレーのバトンのように順々に手渡していってもらいます。それぞれが受け取る度、そのカードは選ばれたカードへと変化するのです。

このトリックにおける、"選ばせて、シャッフルさせる"手続き部分から生まれる自由さは、これ以上ないほど観客を戸惑わせてくれるでしょう。そして、たった一度のトップ·チェンジで実現出来るこの３連続のカード当てにより、観客の惑いをより深めることが可能です。

プレゼンテーションは徒競走、つまりリレーから着想を得ています。さあ、あなたにバトンをお渡ししますよ！

Setup：特にありません。

Method & Presentation：３人の観客にこう言います。「リレー式のレース、まあ徒競走ですけど、やったことありますか？今日はそんなゲームに参加してみましょう。最初にみんなでシャッフルをしましょうかね」デックを1/3ずつ分けてそれぞれの観客に渡し、それぞれでシャッフルをしてくれるようにお願いします。済んだら、演者はそれぞれのパケットから１枚ずつカードを選ばせます。私はこの部分のハンドリングを、観客からの見え方としてはみな同じようにして選ばれた風に見えるよう構成しています。以下の説明において、それぞれの観客のカードはハートのエース、２、３であるとします。

Selection A

１番目の観客（演者から見て左側）のパケットを受け取り、パケットの周りを揃える動作の中でボトムのカードをグリンプスしてください。両手の間にスプレッドしていきますが、そのときグリンプスしたカードをスプレッドの下でカルし、ホフツィンザー・フォースの準備をします。これはボトムからカルするでも、何気なくシャッフルしてトップから３枚目くらいのところに移したあとでカルするでも、どちらでも構いません。グリンプスしたカードがスプレッドの下にある状態で（写真１）、観客にはどれでもいいので１枚カードに触ってもらいます。触ってもらったら、カルしておいたカードをその下にぴたりと添わせてください。そうしてから選ばれたカードのところでスプレッドを分けると、フォース・カードが右手パケットのボトムにきます（このとき、まず左手親指の付け根に押し付けるようにするとやりやすいかもしれません）。右手を上げ、観客にそのカードを憶えてもらうように頼みます（写真２）。カードを憶えてもらっている間、公平さを強調するため、そこからは目を背けておくようにしましょう。パケットを揃え、観客に返したら再度シャッフルしてもらいます。グリンプスしたカードは忘れないようにしてください（ここでは彼のカードはハートのエースでしたね）。

写真１

写真２

Selection B

２番目の観客（演者から見て真ん中）のパケットを受け取り、両手の間でスプレッドして、どれでもいいので１枚カードに触ってもらいます。そのカードをアウトジョグしてください。両手を上げて、突き出たカードがよく見えるようにします。このとき、そのカードの左下コーナーに、左手親指で密かにクリンプを作ります。スプレッドが良いカバーになってくれるでしょう（写真３）。パケットを揃え、観客に返してシャッフルしてもらいます。演者はそのカードが何かは知りませんが、クリンプが付いているので後ほど見つけることが出来ます(この観客のカードはここではハートの2です)。

写真3

Selection C

3番目の観客(演者から見て右側)のパケットを受け取り、両手の間でスプレッドして、どれでもいいので1枚のカードに触ってもらいます。それが右手のスプレッドのボトム·カードになるようにして、公明正大に分けます。顔を背けつつ、そのカードが見えるように右手を上げましょう。カードを憶えてもらったら、まだそっぽを向いたままパケットを揃えますが、このときマーローのコンヴィンシング·コントロールのようにして、選ばれたカードをボトムへとカルしてしまってください。パケットの周りを揃え、観客へと向き直るときにボトムのカードをグリンプスします。そうしたらすぐにオーバーハンド·シャッフルをして観客へとパケットを戻します。彼女にもそのままシャッフルを続けてくれるように頼んでください。

3人の観客がそれぞれ自分のパケットをシャッフルしたら、どんな順番でも構わないのでパケットを1つにまとめてくれるようにお願いします。まとめたデックに、更にシャッフルをしてくれても構わないということも伝えましょう。

カードを当てるのは最早不可能な状況のように見えます。でも実際は?あなたは既に1枚目と3枚目のカードが何かは分かっています。更に2枚目のカードにもクリンプが付いているので容易に見つけ出すことが出来るでしょう。さあ、これから行うのは、難しい指先のテクニックというより、いうなれば頭の体操みたいなものです。

Revelation A

デックを受け取り、クリンプしたカードの位置を確かめます。これから密かにそのカードをデックの真ん中あたりにひっくり返すのです。これについては2種類の方法があります。1)クリンプ·カードをカットしてトップに持ってきて、ブラウエ・リバーサルを行う。2）クリンプ・カードをカットしてボトムに持ってきて、それをハーフ・パスしてから何気なくカット。ボトムのカードをチラッと見て、先に憶えた2枚（ここではエースと3）でないことを確認します。もしその2枚のうちのどちらかだったなら、何枚かのカードをカットして違う位置へと変えてください。

「このリレーで、私たちはカードをバトンとして使います。デックをお互いに渡しあうことで練習をしてみましょう」左側にいる観客にデックを手渡し、彼女にはもう2人の観客へとデックを回してもらいます。最後に演者に返してもらってください。続けます。「これは単なるお遊びではありませんよ。こうすることで、1枚のカードが密かにデックの中でひとりでにひっくり返ってしまうのです」デックを表向きに返し、両手の間でスプレッドしていきます。このときデックを少しだけ上向きに傾け、観客からはぎりぎり表面が見えないようにします。3番目のカード（グリンプスした、ハートの3です）を探し、それを表向きデックの一番下に密かにカルしてしまいましょう。カードをスプレッドの下にカル出来たら、カードの表が観客に見えるくらいに傾け直して結構です。観客の注目は、スプレッドの真ん中あたりにある1枚の裏向きカードに集まっているでしょうが、もし1番目の観客のカード（エース）を見つけたら、それは見えないように隠してしまってください。裏向きのカードを抜き出し、その裏面が観客の方に向くようにして持ちます。これを観客Aのカードとしてミスコールするのです。「どなたか、ハートのエースを選んだ方はいらっしゃいますか？」観客Aは自分だと言ってくれるでしょう。「素晴らしい。あ、ちょっとこれ持ってもらえますか。なに、ほんのちょっとの間です。これを、あなたの左にいるチームのお仲間（観客B）に渡してもらいたいのです、リレーのときのバトンみたいにね」手早く、でも焦らず、裏向きのカードを観客Aに渡し、それを観客Bへと手渡してくれるように頼みます。もし必要であれば、このタイミングでクリンプを元に戻してしまうことも出来ますね。

実にビューティフルな瞬間です。実際にはカードの表は見せていないのですが、ここの挙動は観客からは極めて肯定的な反応を得られるように作られているのです。心理状態、テンポ、台詞回し、そして説得力、その全てがここでひとつとして作用します。上記のカードをミスコールする際、観客Aに「ハートのエースをお選びになりました？」などとダイレクトに聞かないでください。それよりも「誰かハートのエースを選んだりした方はいらっしゃいませんか」と聞くことで、このミスコールをよりディセプティブに、かつ嘘っぽくないものに出来るのです。

Revelation B

観客Bにこう言います。「あなたにもカードを選んで、シャッフルもしてもらいましたよね。選んだカードは何でした？」観客自身にカードをめくらせるのではなく、演者が右手でそのカードを取ることで動きの一貫性を保ちつつ、それを掲げて２番目のカード（ハートの２）へと変化してしまっていることを示すのが良いでしょう。この間に左手でデックを裏向きに返します。

Revelation C

カードを観客Bに返す動きの中で、トップ·チェンジを行います。「リレーみたいに、このカードをチームメイト（観客C）に渡してあげてください」続けて観客Cに言います。「さあ、最終ゴールが近付いてきました。選んだカードは何でした？」そのカードを取り上げましょう。そして堂々と、先ほどのカードが３番目のカードに変わっていることを示します——ハートの３です！

NOTES and CREDITS

●カードをカルしてスプレッドの下に持ってくるというアイディアは『*Hofzinser's Card Conjuring*』（1910, 英語版は1931）に載っています。

●トップ·チェンジの原案はジーン·ニコラス·ポンサンの『*Nouvelle Magie Blanche Devoilee*』（1853）に載っています。詳しいやり方をお読みになりたければ、ロベルト·ジョビーの『*Card College*』, Vol. 1（1992）をご覧になると良いでしょう（『ロベルト·ジョビーのカード·カレッジ①』（東京堂出版、2000年、p.237）を参照）。

●もしやってみたければですが、各観客のカードの名前を口に出す前に、メンタル的な要素を付け加えることが出来ます。私たちは序盤段階でグリンプスをしているので、既に１番目と３番目の観客のカードが何なのか分かっている、という武器を持っています。となると、どうやって２番目のカードを知るか、ですね。答えはカンタンです。最初のミスコールの時に、あなたは直接２番目のカードを見ます。これをアドバンテージとして使い、２番目のカードを当ててみせる前に、口に出して言えば良いのです。

●裏向きのカードを１番目の観客のカードとしてミスコールする準備をしている中で、３番目のカードをカルすることを憶えておく、というのはいささかやりづらいかもしれません。私が使っている記憶の方法は「Steal Third（３枚目をスティール／３塁への盗塁）」と「First Name（１枚目を言う／ファースト・ネーム）」です。これで「３番目のカードをスティール／カルして、ミスコールの間に１番目のカードの名前を言う」と憶えています。

ESSAY

The Napkin Approach

本書は広告·宣伝を題材にしたトリックから始まっています。単なるプレゼンテーションの取っ掛かりである以上に、このトリックは、本職として20年近くマーケティングと宣伝広告に携わってきた、本当の私の表れでもあります。この分野における仕事の経験は、私がマジシャンとして何者であるのか、ですとか、私個人としてのブランドが他人の目にどのように映っているのかについて、非常に大きな、それでいて詳細な“質”を付加してくれたのです。

あなたのブランドは何でしょう？ブランド、というのは単にロゴだとか名前だとか以上のものであるということを思い出してください。ブランドというのは『約束』を表すものです。以下のような観点から考えてみましょう。まず、あなたは何故マジックをするのか。あなたは自分のマジックを通して、どんな『約束』を創り上げているでしょうか？どんなことで自分を際立たせていますか？あなたが物事を決める基準となるものは何ですか？あなたの観客はどんなことを体験するでしょう？どうやって演技を伝えれば良いでしょうか？これらの問いに言葉で答えるのもありですが、ここではナプキン·アプローチ、という方法を採ってみましょう。ペンと紙を取って、落書きみたいにしてあなたを表現してみるのです。ナプキンを使うことで、集中し、かつあなたの思考を簡潔に、視覚的に、そして自然に写しとることが出来ます。世界で最も素晴らしいデザインや有名なロゴ、革新的なアイティアの幾つかというのは、こんな風にナプキンからスタートしたという逸話もありますよ。

目の前にナプキンがありましたら、マジシャンとしてのあなたは何者なのか、分かりやすく文字で書くなり絵で描くなりしてみましょう。あなたというものを表現するのに最も重要な3つの項目に集中し、それを書き出してみましょう。誠実に、ですよ。そのナプキンは、文字通り“あなたを表すもの”なのですから。

私のナプキンですか？ここには私が最も、私自身と自分のマジックとを表している、そう信じているトップ3が書いてあります。私にとってもこれは大変素晴らしいスタートでしたね。ぱっとナプキンをひっくり返し、そこに私の“3つの優先事項”に強く紐付いた、特別の目標をリスト·アップしていきました。あなたも同じようにナプキンをひっくり返して、いま少し深掘りしていくと良いでしょう。これはあなたの目標や優先したいもの、そしてあなたのプランについての質を高めるのに、大変お勧めな方法ですよ。このプロセスこそ、私たちのマジックをより強力に出来るようなone-degreeの改善、それをもっと研ぎ澄ますことをサポートしてくれるものだ、と私は信じています。

私のすべきこと：何故マジックをやるのか？私が提供出来るものは何か？
→マジックを通じて人々をとても素晴らしい瞬間へと結びつけること。そのマジックは優美なハンドリング、興味を惹くプレゼンテーション、そしてお互いに、双方向で影響を与え合うことが出来るようなものを提示する、そういうものであること。

私のビジョン：観客に何を言ってほしいか？何を感じてほしいか？どんな風に知ってもらいたいか？
●普通を超越する（「想像していたよりはるかに凄いよ！」）
●感じ良く（「一体感があったよね」）
●興味を惹き、面白い（「いやー笑わせてもらったし、ワクワクしました！」）
●優美かつ巧みに（「見ていてホント綺麗だったよ」）

優先事項その1：手際の良いテクニック＆優美なハンドリング
●軽いタッチを心がける：動作を行うときはスムーズに
●実用的なハンドリング（ゆっくりと、じっと見られていても行えるように）

●自然な動きと意味のある動作
●自分が見せることが出来るものを強調：一方で、出来ないことについては隠す
●"会話上の" ミスディレクションに溶けこませる
●技術と策略とを一緒に使う
●実用的で、かつディセプティブな手法を創り出す

優先事項その2：創造的でインパクトのあるプレゼンテーション
●観客に響くような文脈とプレゼンテーションを創る
●トリックというものを、観客にどう感じてほしいのかという観点で考える
●特定の "物凄い瞬間" を創りだすことに注力する
●魔法的な瞬間には、それが浸透するための時間を設ける
●関連性のある、タイムリーなトピックスで演じる。嘘っぽいのはダメ
●自然な道具を使う（観客が知っているもの、使っているものから）
●新しいアイディアを模索するときは「もしこうだったら～」を問い続ける

優先事項その3：観客と相互にやりとりする
●傾聴と反応
●観客の興味を引き出す、利用する
●誠実に、あなた自身の言葉を信じる
●感情は沸き上がらせるもので、指図するものではない
●含蓄あるユーモアを使い当意即妙に
●インパクトを創りだすのに、観客を巻き込む
●観客の熱狂の度合いをきちんと反映する
●観客の知性には敬意を。しつこく説明しすぎない

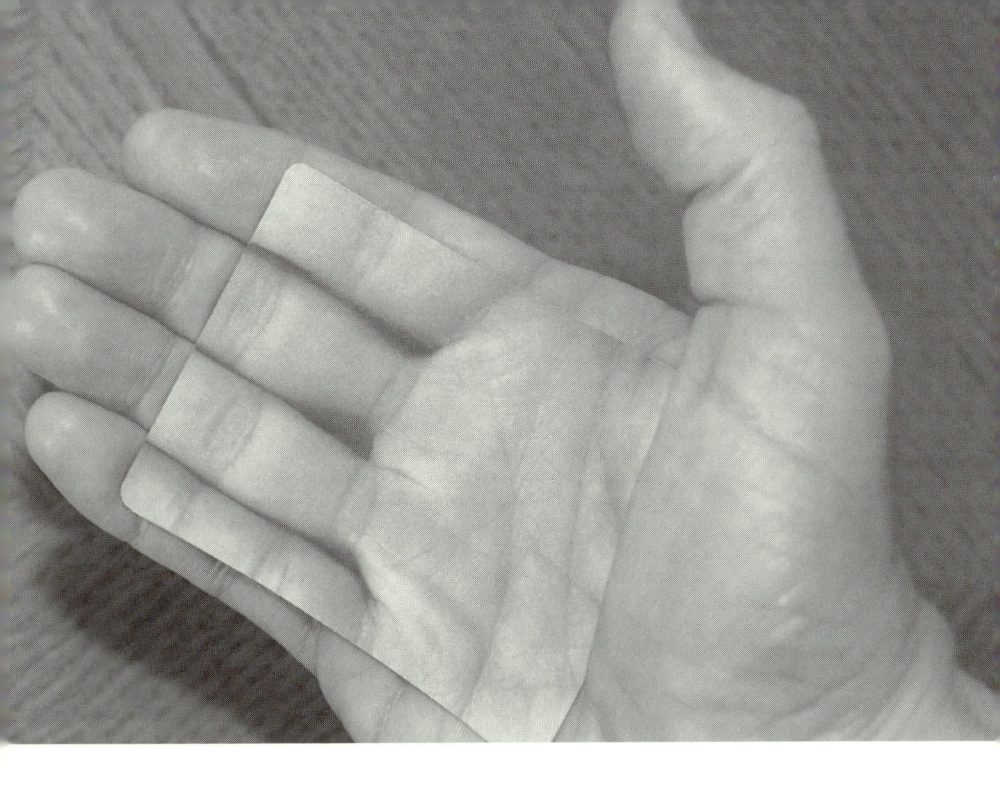

CHAPTER 3 THREE

FOURSCORE

- Quantum Kings
- Impostor
- Solo

ここで紹介する３つのトリックは、フォー・オブ・ア・カインドが主役を演じます。
最初のトリックはカード・プロダクションで、
ラストにカード・トゥ・ボックスのオチがつきます。
２番目のトリックは面白い変化現象を活かしたもの、
そして最後のトリックはOpen Travelersのプロットに挑戦したものです。

QUANTUM KINGS°

Effect：印象深いカッティング·デモンストレーションの中で赤と黒のキングが入れ替わったあと、1枚のキングが消えて再び現れます——カードの箱の中から！

このトリックは、私の一番好きなフォー・カード·プロダクションのひとつでもある“Color Blind”（『*Brainstorm*』DVD, Vol. 1, 2003）を元に作り上げたものです。長年このトリックを演じる中で、観客が驚いたりリラックスしたりするタイミングについて、非常に興味深いことに気付きました。最初の段の位置交換現象のあと、2番目のキングのペアについて、観客は決して完全には集中しない、ということです。“Quantum Kings”はこの瞬間を2番目の現象、ダイヤのキングがありえない場所へと移動するのに利用します。実際、キングは本当には見せないのですが（最後まで、という意味で）、観客はきっと「カードはずっと見えていたんだ」と誓ってくれるでしょう。何もないところから得られる“何か”、きっとあなたも驚きますよ。

Setup：ダイヤのキングをカードの箱の中か、あとで取り出してきたい場所にセットします。デックのトップは、以下のように並べます：ハートのキング、黒いキング、ダイヤのジャック、黒いキング（写真1）。

写真1

Method & Presentation：カードの箱（中にキングが入っている）を観客の誰かに渡すか、脇にどけておくかしてください。最初のプロダクション／位置交換は、私のトリック、

"Color Blind" をベースにしています（また、前チャプターの "Mr. E. Takes a Stroll" も参照ください）。トップのスタックを維持出来る方法でしたら何でも、幾らでも構いませんので、シャッフルとカットを行います。「フーディーニは "カードの王様（キング）" と呼ばれていました。何故なら、彼はカットをすれば意のままに、いつでもそこから４枚のキングを取り出すことが出来たからです。さて、カットをしますが赤と黒のキング、どちらを出してほしいですか？」観客の回答にかかわらず、ちょっと変わったフォールス・カットをして、ダブル・ターンオーバーをして黒のキングを示してください。もし観客が「黒」と言ってくれていればここでドヤ顔をしても構いません。もし観客が「赤」と言っていたなら、例えばこんな感じのことを言いましょうか。「いやー、私はフーディーニじゃないのでねえ。あ、でも少なくともキングは１枚ゲット出来ました。もう１回やらせてもらえますか？」（違う色の方のキングを見つけてしまい、本来出すべきだったキングの色という観点では一見失敗してしまったかのように見えるのは気にしないでください。ちゃんとあとで取り返します）再度ダブル・ターンオーバーをして、トップ・カードをテーブルに配ります。

ダブル・アンダーカットをして、トップ・カードをボトムに回し、そこでもう一度ダブル・ターンオーバーをしましょう。もう１枚の黒のキングが出てきましたね。またダブル・ターンオーバーをし、トップ・カードを先に配ったカードの上に配ります。

もし最初から観客が「黒」と言ってくれていたら、「黒のキング２枚、あなたのリクエスト通りです。続いては赤のキングですね」と言います。逆に観客が「赤」と言っていた場合には、「真のパワーはあとにとっておいたのです。あなたは赤のキングをご所望でしたので、もっとすごい方法で見つけましょう――そう、２枚同時にね！」

Transposition

これからトス・プロダクションを行います：デックを左手で、親指を上、その他の指を下にして挟むように持ってください。左手でデックを右手に放り込みますが、デックのトップとボトムのカードだけは左手に残るようにします。ゆっくりとその２枚をひっくり返しますが、何故か黒のキング……また！？デックをテーブルに置き、左手で黒のキング２枚を持ちます。

さあ、ここが観客の心理を巧みに突くシーンです。テーブルに置いたキングはまだひっくり返される前ですが、観客はリアクションを始めているのです。彼らの心の中にはいま２つのことが走っています。黒のキングがまた出てきたことによる驚き、それから、「ということはテーブルに置かれているカード、あれはもう赤のキングになっているのではないか」という、自然ですが“ありえない”予想です。結果として、彼らは決して赤のキングには完全には集中しきれないのです。ですので、私たちはこの瞬間を使って、ジャックをあたかもキングであるかのように装いましょう。

「こっちが黒のキング、ということはあっちが赤のキング……のはずですよね」テーブルに置いた２枚を、奥側右コーナーを右手でつまんで持ち、手首を返してその表を観客に見せます訳注。このとき、表側のカードを斜め方向に少し押し出しながらジャックは一部だけを見せます。指が自然にジャックのピップス部を隠してくれるでしょう。緩く揃えて、表向きの２枚を黒のキングの上に一時的に置きます。そうしたらその２枚を、右下コーナーのインデックス部分をつまんで取り上げます（親指が上になるように）。親指を斜め右方向に押し出して、下側のジャックを少し露出させてください。右手親指がジャックのインデックスを隠し、ダイヤのキングのように見せかけることが出来ます（写真２）。このディスプレイの間、左手は黒のキングで同じ動作をします。但しこちらは鏡写しに、上側のカードを右斜め前方向にずらし

写真２

写真３

訳注 開いた右手でテーブル上の２枚のカードを奥から手前へと重ねたまま取り、自分にだけ表が見えるようにしてピップスを調整してから、観客に表を見せると安全でしょう。

て示すのです（写真3）。

ほんのちょっとですが、より公平感を付け加えるため、カードの両面が見えるように、手のひらが下になるようにぱっと両手を返しましょう。この部分の手順とディスプレイは、単に見た目として綺麗なだけではなく、極めてディセプティブなものになります。2枚の“キング”の“赤さ”は、位置交換がなされたと結論するに足るものです。

写真4

写真5

黒のキング2枚を赤のキング2枚の間に入れ、表向きでパケットを揃えます（写真4）。観客に裏向きのデックを渡してこう言います。「これからデックの真ん中あたりに、表向きのキング4枚を埋めてしまおうと思います。デックを半分くらい持ち上げてもらえますか？」デックのカットが始まったら、密かに持っているパケットのボトム・カード（ジャック）をハーフ・パスでひっくり返してしまいます。“4枚のキング”をデックの中に差し入れる前に、全部表向きだという印象を強めるためにジョーダン・カウントを行いますが、私はこれに1動作加えるようにしています：パケットを両手でピンチ・グリップで持ちます。トップ・カードを左手に取ります。2枚目のカードを取ってその上にのせます。3枚目のカードを取るように見せますが、実際には最初の2枚を右手のパケットの下に揃えてしまい、4枚になったパケットのトッ

写真6

プ３枚を、右手親指でかたまりのままで左方向に押し出します（写真５）。残ったカードを左手の３枚のパケットの上にのせます。そして流れのまま、左手で堂々とボトムのカードをトップへと移します。私はカウントが終わった時点で、パケットが少しズレた状態のままにしておくのが好きです（写真６）。ここの手順はカウントというより、４枚の表向きのキングをオープンにディスプレイしたように見えるでしょう。この一連の手続きについては頓着しない、何気ない感じを保ってください。こうすることで、「マジシャンは４枚の“表向きの”キングを持っていた」という観客の記憶がより強まります。

“キング”のパケットを、観客の持っているデックの下半分に揃えるようにして置きます。観客にデックの上半分をそこに戻し、揃えたらデックをそのまま持っていてくれるようにお願いしましょう。“キング”のパケットの一番下のカードはひっくり返してありますので、実際にはデックの真ん中あたりには表向きになっているキングが３枚あることになりますね。

これから、エキボックを使ってダイヤのキングをフォースします。私はいつも、観客がトリックの最初に言った色について再度触れ、ここでそれを利用しています。もし彼らが「赤」と言ってくれていれば、もう半分終わったも同然です。もし「黒」と言っていたなら、それでもOKなようにしてしまいましょう。以下に、観客の最初の選択が赤か黒かによって、話がどう推移するかの選択肢を挙げておきましょう。

赤の場合：
「先ほど伺ったとき、あなたは赤のキングが好きだと仰いましたよね。ではそこからもう一歩進めてみましょう。私が赤いキングを２枚持っているとします」（デックから２枚のカードを抜き出したようなパントマイム）「ハートとダイヤ、どちらがいいですか？」

ハートの場合：「結構です。ではハートはお返ししますね」（デックにカードを戻すようなパントマイム）「つまりあなたはダイヤは要らない、ということですね。指を鳴らすと、完全に消えてしまいます」
ダイヤの場合：「ダイヤ、ですか。ではハートはデックに戻しますね。指を鳴らすと、あなたのダイヤのキングは消えてしまうのです」

黒の場合：

「先ほど、私が赤いキングと黒いキング、どちらにするかを伺った際、あなたは黒と仰いました。ですので、黒はそのまま持っていてください。私はデックから、見えないように２枚の赤いキングを抜き出すとしましょう」（デックから２枚のカードを抜き出すパントマイム）「もう一度選んで頂きましょうか。２枚の赤いキングのうち、どっちがお好きですか？」

ハートの場合：「結構です。ハートのキングはあなたの黒のキングと一緒にしておきましょう」（カードを１枚デックに戻すパントマイム）「つまりあなたが欲しがらなかったのがこの１枚のキング、そう、このダイヤのキングです。指を鳴らすと、完全に消えてしまいます」

ダイヤの場合：「ダイヤ、ですか。ではハートはデックに戻しますね」（カードを１枚デックに戻すパントマイム）「指を鳴らすと、ダイヤのキングは消えてしまうのです」

続けます。「もしダイヤのキングが本当にどこかにいってしまったのなら、もうデックの中には無いはずですね。みんなにもよく見えるように、デックを広げてもらえますか？」観客に、デックを裏向きのままスプレッドしてもらいます。表向きのキングが３枚だけ、真ん中あたりでひっくり返っているでしょう。観客にはデックをひっくり返してもらい、ダイヤのキングが本当にどこかにいってしまったことを見てもらいます。

「となると出てくる疑問は、ダイヤのキングはどこにいったのか……？私は多分、家に帰ったんじゃないかと思うんですよね。カードみんなの家といえば……そう、カードの箱、ここですよ」カードの箱に注目を集め、観客に箱を開けてもらいましょう。中にはダイヤのキングが！

Alternative Vanish

デックの中からダイヤのキングを消す代わりに、ここではデックを全く使わないアプローチを紹介しましょう。“４枚の”キングの位置交換とディスプレイ（写真３）のあと、密かにジャックをラッピングするなりヴァーノン・トランスファーを使ってデックに付け加えるなりして処理します。いま３枚のカードを持っていますが、４枚だと思われている状態です。もしおやりになりたければ、それを表向きにして私のオーバーターンド・スタニオン・カウント（CHAPTER５をご覧ください）を行い、“４枚”のカードの表と裏を見せたかのようにしても良いでしょう。

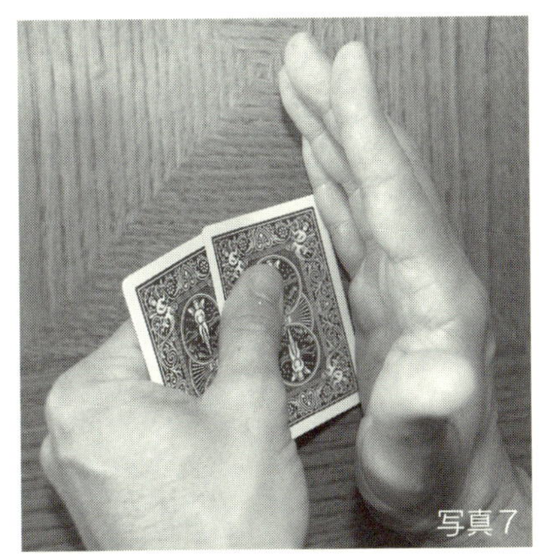
写真７

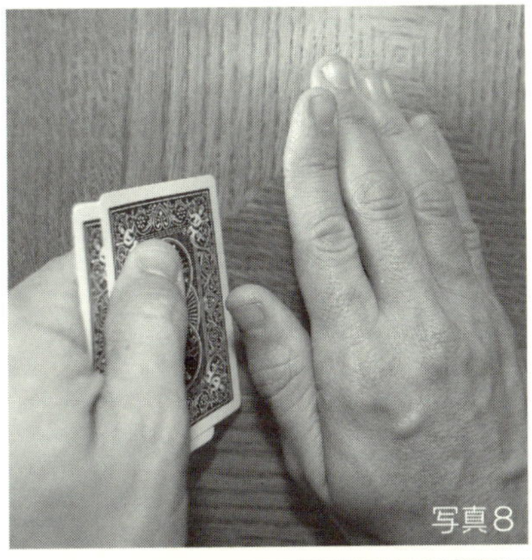
写真８

カードを裏向きでさっと混ぜます。そうしたら揃えて、ディーラーズ･グリップで持ってください。ゆっくり、１枚ずつトップ･カードをボトムへと回していきながら言います。「１枚ずつカードを回していきますので、どこのカードでも構いません、好きなところでストップと言ってもらっていいですか」観客には実際、どのタイミングでストップと言ってもらっても構いません。ストップと言われたところのカードを、パケットの右側に半分ほど突き出るようにして置きます。そして、ラブ･ア･ダブ･バニッシュを行い（写真７）、選ばれたカードだけが、演者の手のひらの下に隔離されたように見せます。実際にはそのカードは、左手親指でパ

写真９

ケットへと密かに引き戻してしまいます（写真８）。右手をテーブルに伏せたまま、左手でパケットを表向きにひっくり返し、右手に連なるよう横一列に並べていきます。１－２－３－４というような並びが、右手の下に４枚目のキングがあるかのような印象をいかに強めてくれるか、お分かりになるでしょう（写真９）。

消去法から「あなたが選んだのはダイヤのキングですね」と言うことが出来ます。「あなたはクラブのキングのところでも、スペードでもハートでも私にストップをかけることが出来ました……ですがあなたはこのカードのところでストップをかけてくれたわけです、ダイヤのキングです」右手をテーブルに擦りつけ、ゆっくりと持ち上げ、ダイヤのキングが消えてしまったことを示しましょう。一番近くにいる観客にデックの中にもキングがないことを確かめてもらいます。そして最後に、ダイヤのキングが箱の中にあることを明かして終わります。

NOTES and CREDITS

●偽のデュプリケート（似たような数やスートのカード）を、本物のカードが別の場所から出てくるという筋立てで使うのは、19世紀半ば、ホフツィンザーに遡ることが出来ます。初期のリファレンスとしてはアンドリュー・スタインメッツの『*The Gaming Table*』, Volume ２（1870）や、ホフマンの『*Modern Magic*』（1876）があります。

●デヴィット・ソロモンは『*Wisdom of Solomon*』（2007）の中の“Card In The Card Case”で、実際には一度も見せていないカードが、カード・ボックスに移動するというテーマに触れています。

●ラブ・ア・ダブ・バニッシュは『*Greater Magic*』（1938）、ウィリアム・マカフリーの“Card In The Pocket II”に記載があります。

●ヴァーノン・トランスファーは『*Ten Card Problems*』（1932）および『*Card College*』, Vol. ３（1998）に載っています。

●ダイヤのキングをカードの箱の中に入れる代わりに、クロースアップ・マットの下やナプキンの下、もしくはそれに近いような場所に置いておくことも可能です。創造性を発揮してチャンスを狙ってください。

●もしテーブルが使えない状態であっても、本作は手の中だけでも簡単に演じることが出来ます。観客にお手伝いを頼むのです。カードやその箱を置く必要があるときには、観客の手を使わせてもらいましょう。これはトリックを実践的なものにするのみならず、より強力にもしてくれます。

IMPOSTOR°

Effect：４人の観客がそれぞれ同じカードについてを言いますが、４枚のデュプリケート・カードが１枚ずつ、どの観客が本当のことを言っているのかを教えてくれるのです。

ケーブル・テレビに感謝を。ゲーム・ショー・ネットワークが『To Tell the Truth』という、1950年代のTVショーを放送していたのですが[訳注]、そのとき私は、ちょうどトランプをいじくりまわしていたのです（午前２時）。そこでの閃きの結果がこのトリックです。

このトリックは、一般的な４枚のカードを変化させるトリックにおける、よくある２つの問題を解決してくれました。1）エクストラ・カードに頼らない。2）４枚のカードは全て検め可能　ジョン・バノンだったら「フラクタルだね」とか言うかもしれません。殆ど手の中だけで演じることが出来ますので、実践的でもあるでしょう。

Setup：何でもいいのでフォー・オブ・ア・カインドをデックのトップにセットします。あらかじめセットしておくでも構いませんし、演技の最中にカルしてくるでも良いでしょう。私は普段10のカードを使っています。エースだとちょっと仕組まれた感が強くなりますから。テーブルは不要です。

Method & Presentation：デックのトップにフォー・オブ・ア・カインド（こ

[訳注] なお日本でもNHK総合にて1960～1968年まで放送された、『それは私です』という同様のクイズ番組がありました。特殊な技能／経験／趣味を持つ人が、その人になりすました２人と共に登場、司会者の「お名前をどうぞ」に３人とも同姓同名の名を名乗ってゲーム開始。回答者が順に３人に質問をして、その名の本人は誰かを当てるものです。

こでは10とします）がある状態ですが、カットしてブレイクを取り、そのうちの1枚をクラシック・フォースするのは比較的簡単なことでしょう。あなたの左にいる人にその1枚をフォースしてください。観客がカードをみんなに見せている間に、残る3枚の上にブレイクを作っておきます。ブレイクのところから持ち上げて、その3枚の上に選ばれたカードを返してもらいましょう。カードがデックに埋もれたように見せますがブレイクは保持、何度かアンダーカットをして、セット部分がまたトップにくるようにします。

「この中でどなたか、古いバラエティ番組なんですが、『To Tell the Truth』って観たことのある方はいますか？何人かの候補者が、それぞれみんな『自分こそがその人物だ』と主張するんです。そして参加者は、一体誰が本当のことを言っているのか、誰が本物なのかを推理して当てるという、そんな番組です。このデックのばらばらのところからランダムに選んだ4枚のカードを使って、これからそちらの方たちとそんな感じのゲームをやってみましょうか」

さて、デックの中からランダムに4枚抜き出したように見せますが、ここではジョン・バノンの“Stranger's Gallery”での方法を使います。右手でデックを表向きエンド・グリップにして持ち、連続するスイング・カットに備えます。10～15枚のカードを左手にスイング・カットしてください（写真1）。右手のひらを上に向けるように捻り、裏向きのカード1枚を左手のパケットの上に取りますが、アウトジョグ状態になるようにします（写真2）。そうしたら右手を元の位置に戻します。これをもう3度繰り返し、4枚の裏向きのカードが、

写真1

写真2

写真3

写真4

表向きのデックのばらばらの位置から突き出している状態にしてください（写真3）。

４枚のカードを抜き出し、デックを脇にどけるか観客の１人に持っていてもらうようにします。４枚のカードを持った状態で、以下のように位置を入れ替えましょう：トップのカード２枚を右手に取ります。両手の親指を前後に動かし、それぞれの手に２枚ずつのカードがあることをディスプレイしてください。このペア同士をまとめ直すように見せますが、実際には右手のペアのボトム・カードを密かに右方向に引き、それが最終的に４枚のパケットのボトムになるようにしてまとめます（写真4）。このとき、選ばれたカードは上から３枚目になっています。

"I am the Ten of Diamonds"

これから４人の観客に協力してもらいましょう。その中には先ほどカードを選んでくれた観客を入れます。「皆さんにはそれぞれカードを１枚見てもらいます。その見たカードの名前で名乗ってください。つまり、私が『あなたは誰ですか？』と聞きますので、皆さんは『私は××です』のように、見たカードの名前を言ってもらえますか」後述するディミニッシング・リフトの手順をやり始め、選ばれたカード（ダイヤの10）が４枚あるように示していきます。演者から見て右から左の順で、それぞれの観客に以下のように見せていってください。

トリプル・ターンオーバーを行い、一番右の観客に「あなたは誰ですか？」と聞きます。「私はダイヤの10です」と言ってくれるでしょう。再びトリプル・ターンオーバーを行い、トップ・カードを右手で持ちます。

ダブル・ターンオーバーを行い、次の観客に同じ台詞を伝えます。再びダブル・ターンオーバーを行い、トップ・カードを右手で持っているカードの下に取ります。

カードを１枚ひっくり返し、３番目の観客に上記の動作を繰り返します。カードを裏向きに戻して、これを右手の２枚の下に取るように見せますが、実際には、残った２枚のうち下側のカードを右手の２枚の下に取りつつ、左手に残ったダイヤの10を表向きにひっくり返します。

演者から見て一番左端の観客を呼び（カードを選んでくれた観客です）、彼女にも他の人と同じ台詞を伝えます。カードを裏向きに返し、それをパケットのボトムへ入れます。

フラシュトレーション・カウントを行い、何気なくまた４枚の“同じカード（デュプリケート）”を示してください。カウントの間はあなたから見て左から右へと見せていきます。「えーと、全員がダイヤの10っていうのは有り得ないんですけど……。この中で１人だけが本当のことを言っている、ということですね」

上記のディスプレイの間、それぞれカードを見せるときには、観客それぞれの前に向きあうようにして示すことを心に留めておいてください。これは単に観客を巻き込むだけではなく、デュプリケートの10それぞれの見た目（確からしさ）を強調するものです。

Identities Revealed

さて、これからデュプリケートをそれぞれ本来の姿へと戻していきます。ここでも先ほどのカウントのときと同じように、現象はそれぞれ対応する観客の方を向いて行いましょう。トップ・カード（選ばれたカード）を表向きにひっくり返して、その下のカードと揃うようにしてください。裏面同士が向き合うように２枚を重ねて取り上げ、マーク・デスーザのシェイプシフター・チェンジで鮮やかにチェンジします（写真５）。新たに表向きになったカードを一番右側の観客に手渡し、「分かっています、あなたはダイヤの10ではありませんね」

写真5

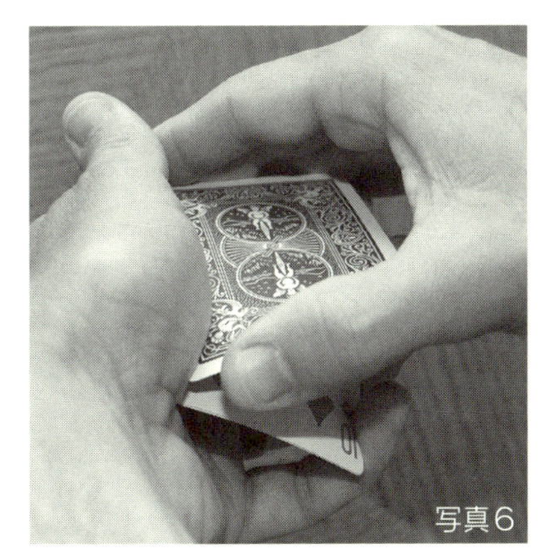
写真6

次のカードをひっくり返し、またダイヤの10を見せます。次の観客にこう言います。「あなたについてはまだよく分かりません。ということで後ほど……」そう言って次の観客（右から３番目）の前に移ります。伏せた右手でダイヤの10をつまみ、手首を返して裏向きにします。このカードを使って次のカードをめくるように見せますが、実際には以下のようにしてメキシカン・ターンオーバーを行ってください：右手のカードを、次のカードの下に入れます。揃ったら右手親指を使ってトップ・カードを右に引きます。下側のカードを右手の指先を使ってひっくり返してください。表向きのダイヤの10を、残る２枚でサンドイッチします。スプレッドを閉じますが、密かにボトムのカード２枚をハーフ・パスでひっくり返します（写真6）。これは真ん中のカードを変化させるというだけではなく、“デュプリケート”のカードをボトムへと送るという目的を含んでいることにも気を留めておいてください。この動きのあと、パケットをエンド・グリップで持ったまま少し振ります。こうすることで、両手の位置についての理屈付けとしています。カードを広げ、真ん中のカードが変わってしまったことを示してください。真ん中のカードをアウトジョグし、パケットを右手でつまんで親指を上にして持ちます。右手を下向きに返しつつ、左

写真7

手で真ん中のカードを抜き出します（写真7）。これはまだダイヤの10がボトムにチラッと見えるという面白いサトルティです。抜き出したカードを３番目の観客に渡してください。

いま右手指先には２枚のカードを持っていますが、このグリップのままフラシュトレーション·カウントのバリエーションを以下のように行いましょう：パケットの下側をちらっと見せ、裏向きにします。トップ·カードを左手に取り、再度右手のカードの表をチラッと見せます。右手のカードを使って、左手のカードをひっくり返したように見せますが、実際には先に書いたようにメキシカン·ターンオーバーを行います。いま右手に裏向きのカードを１枚、左手には表向きのカード１枚を持った状態です。裏向きのカードを左手のもう１枚のカードの下に入れます。これから、２枚のデュプリケートを見せたようにしつつ、実際にはカーライル·フォールス·ターンオーバーを行います。これをやるのに、まず左手親指を２枚の下に入れます。そのままパケットが縦にひっくり返るように左手を伏せて行きますが、このとき左親指で２枚を押し上げて横にひっくり返してください。これによって、常に同じカードの面が見えるというわけです。これをやりつつ、残る２人の観客へこう言います。「２人のうちどちらか１人だけが本当のダイヤの10の人です。本当のダイヤの10の人だけ立ってもらえますか」右手には背中合わせの２枚を持っています。チェンジを行うため、指は軽く閉じて手も伏せていき、スルー·ザ·フィスト·フラリッシュを行います：別の10が現れます。“変わってしまった”カードを取り、先ほどは飛ばした観客（右から２人目）へと手渡してください。

残った１枚を表向きにし、それを最後の観客、つまり本当にダイヤの10を選んだ観客に渡します。ここでは特に不思議なことは起こってはいませんが、終わったという満足感のある時間になるでしょう。本当のことを言ってくれた最後のお客様にお礼を。

最後は４枚の別々の10がディスプレイされているという、何も隠していない、何も取り去ることもないという、画的に完璧な状態で終わります。

NOTES and CREDITS

●私が使っているディミニッシング·リフトの部分は、ジョン·バノンの『*Smoke and Mirrors*』（1991）の“Duet It”、そこにある彼のハンドリングからきています。

●デックのばらばらの場所からカットしたように見せつつ4枚のカードを抜き出してくる部分は、ジョン・バノン『*Smoke and Mirrors*』(1991) のトリック "Stranger's Gallery" の一部です。

●マーク・デスーザのシェイプシフター・チェンジは『*The Trapdoor magazine*』(1993) の48号と、デビット・エーサーによるデスーザの本、『*DeSouza's DeCeptions*』に載っています。

●ブラザー・ジョン・ハーマンは、彼が販売した "Flushtration" (1964) の中でその技法を解説していたことから、よくフラシュトレーション・カウントと関連付けられています。

●メキシカン・ターンオーバーは、オーガスト・ロターバーグの『*New Era Card Tricks*』(1897) に載っていますが、よく言われるように、もっと古くからある技法です。

●カードを使った、片手でのフォールス・ターンオーバーは1943年、フランシス・カーライルの手によるものといわれています。ダグラス・デクスターもカードでパドル・ムーブを行う "The Mystic Star" というトリックをウィル・ゴールドストンの本『*Great Magicians' Tricks*』(1931) にて発表しています。ブラザー・ジョン・ハーマンは、リチャード・カウフマン著『*The Secrets of Bro. John Hamman*』(1989) の "The Knavish Deuces" にて、2枚のカードを同一のカードであるかのように見せるために使っています (『ブラザー・ジョン・ハーマン カードマジック』(東京堂出版、2007年、p.157) 参照)。

●ダイ・ヴァーノンのスルー・ザフィスト・フラリッシュを、パケットを密かにひっくり返すのに使うというアイディアは、ロバート・ウォーカーの『*Jon Racherbaumer's Lecture Notes I*』(1976) に載っています。

●フォー・オブ・ア・カインドを使うのが絶対に必要というわけではありません。シャッフルされたデックで、何かカードをフォースしなくても演じることは出来ます。選ばれたカードをトップにコントロールし、記載通りに手順を進めてください。唯一違うのは、最後が4枚同じ数字が揃うのではなく、ランダムなカードに変わる、ということだけです。また、4人の観客それぞれにカードを選ばせて始めることも可能です。単にそれらをトップにコントロールし、記載通りデックから取り除いてしまえば良いのです。チェンジの部分の最中では、4枚の "デュプリケート" は、4人の観客が本当に選んだカードへとそれぞれチェンジしていくことになります。

SOLO°

Effect：このOpen Travelersのバリエーションでは、観客は実に奇妙で驚くべき、手の中に視覚的に溶け込んでいくカードを目撃することになります。

私は遅咲き型です。私が初めてOpen Travelersのプロットに触れたのは、『*Stars of Magic*』のビデオ・テープで、ポール・ハリスの演じていた“Invisible Palm Aces”を見たときでした。それ以来魅了されてしまったのです。ハリスとジェニングスのおかげで、“物事は何であれ実現可能だ”と思えるようになりました。私が見てきた殆どのバージョンにおいて一番引っかかった部分)、それは最後の段でカードをデックに戻す必要があるところでした。ですのでこの"Solo"では、該当のカードがデックと決して接触しないという解決案を示してみた次第です。これは、カードが皮膚のシワに溶け込んでいくような、もうアゴが落っこちてしまうくらいのビジュアルさを備えています（これはデランドの"Fadeaway Card"に着想を得ました)。観客からは、演技の最中、疑う余地なく４枚のカードしか使われていないように見えるでしょう。このトリックには３つ、評価されるべきポイントがあります。１）最後のカードに対する斬新

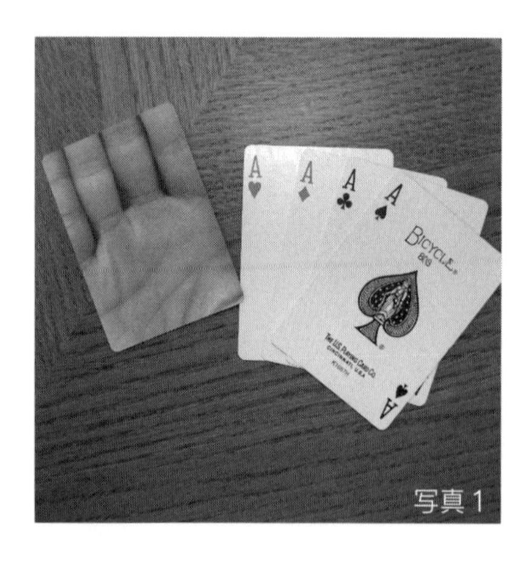

写真１

写真２

な回答。2）極めてクリーンでディセプティブなディスプレイ。3）インパクトを強めてくれる印象的な場面。この3つです。

Setup：4枚のエースと、あなたの手の写真[訳注]のカードが必要です（写真1）。これを作るにあたって、私は手をスキャンして印刷、切り抜いて、カードの表面に接着剤で貼り付けているだけです。次に、"ハンド"・カードとダイヤのエースの両面に、ラフ・パウダー、もしくはラフ・スプレーをかけておいてください。表向きにした状態で、以下の順番に並べます：黒いエース、黒いエース、ダイヤのエース、"ハンド"・カード、ハートのエース（写真2）。これらを別のところから取り出してくるか、デックから抜き出すなりしましょう。

Method & Presentation：「4枚のエースだけです。それ以上でも以下でもありません」カードを表向きにしてスプレッドします。ラフ加工のおかげで、"ハンド"・カードは隠れている状態です。黒のエース2枚を右手に取り、両手親指でそれぞれトップ・カードを前後に動かします。同時に、手首を返して観客がカードの裏も表も見えるようにしましょう。

カードを表向きに戻したら、黒のエース2枚を左手パケットの下に取り、パケットを揃えて裏向きにひっくり返してください。

トップの2枚を1枚のようにしてエンド・グリップで取り上げます（親指の感覚で2枚と分かると思います）。同時に、ラフ加工した2枚が離れるように、ボトムの3枚をスプレッドします。右手でダブル・カードを1枚のようにして、ずれないようにそっとテーブルに置いてください。すぐに観客の注目を左手に残っている3枚へと集めます。「A地点からB地点への最短距離、それは直線だと言われます。B地点はここ、テーブルです。A地点はこの私の左手です。カードを1枚、見えないように移動させるというのが面白いところでして。私が知る限り、それを成し遂げる唯一の方法、それは滅多に見ることの出来ない、見えないパームというのを使うのです。世界でも数えるほどの人しか知らないんですけどね、これ」

パケットを揃えて、トップ・カードをテント・ヴァニッシュの位置にします（写

訳注 当然ながらパームする方の手の写真を使います。ここでは右手の写真です。

真3)。このカードを右手でパームしたように見せますが、実際には右手の陰で、パケットにパタンと倒して揃えてしまうのです(写真4)。右手を伸ばして、ゆっくりと手の両面を見せ、これが“見えないパーム”ということを示しましょう。右手をテーブル上の2枚の上に、平たく押し付けるようにしてください。このとき、密かに手のひらの付け根の部分を使い、テーブル上のカードのトップ・カードだけを軽く右方向にずらしてしまいます(写真5)。手を持ち上げ、先ほど置いたテーブル上の1枚のカードの上に、もう1枚別のカードが実体化したことを示します。同時に、左手は持ったカードを広げますが、ラフ加工された2枚は揃ったままです。カード同士をぐっと押し付けることで自由に動かすことが出来、そして表の面が2枚の赤いエースであるということも示すことが出来るのです。

写真3

写真4

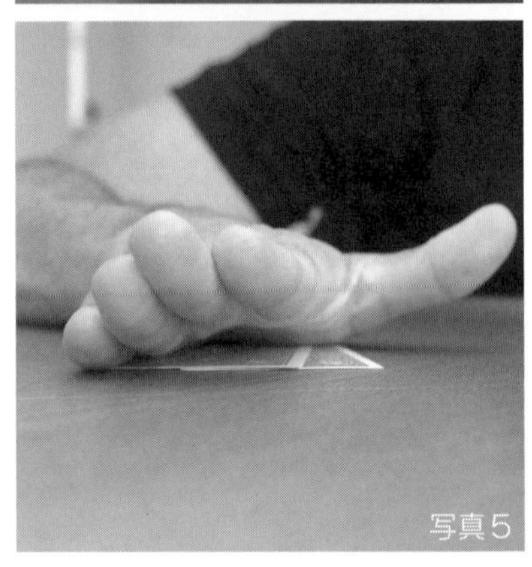
写真5

右手でテーブル上の2枚を表向きにして、2枚の黒のエースであることを示しますが、同時に左手ではトップ・カードの下にブレイクを取ります。表向きの2枚の黒のエースを一時的に左手パケットの上にのせますが、その下に、密かにハートのエースを付け加えてしまいましょう。右手で、3枚のカードを揃えてエンド・グリップで保持、トップのエースを左手に引き取りますが、それを右手に残ったダブル・カードの下に回して、黒のエースの間にスティールしてきたカードをサンドイッチしてしまいます（写真6）。黒の２枚のエース（実は１枚のカードをサンドイッチしていますが）を、少し横にズレ気味の状態のままテーブルに置いてください。

写真6

左手でラフ加工されたカードを分け、２枚の裏向きのカードがはっきりと見えるようにします。パケットを、“ハンド”・カードがボトムになるように並び替えましょう。“ハンド”・カードを、ボトムから右側へサイドジョグされた状態にしてください（写真7）。パームをするかのように右手のひらでそれを覆います。この２枚のパケットを、緩めのオーバーハンド・グリップで持つようにしてください。そうしたら左手の指を使って下側のカードを左へと引き込み、上のカードと揃えることが出来るでしょう（写真8）。右手でまるでパームをしたかのように見せつつパケットから離しますが、このとき左手はダブル・カードを揃えて持つことになります。

写真7

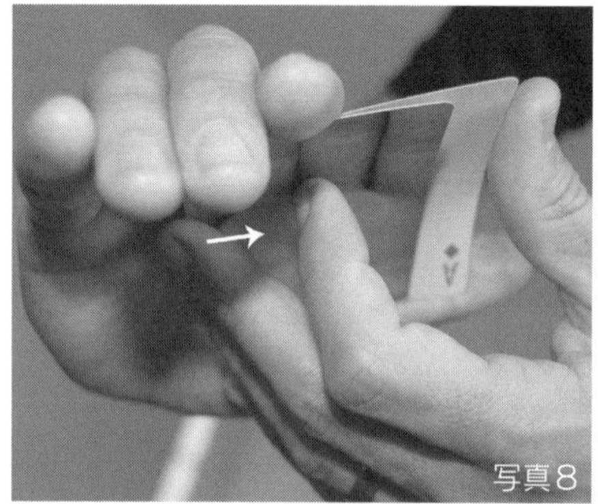
写真8

写真9

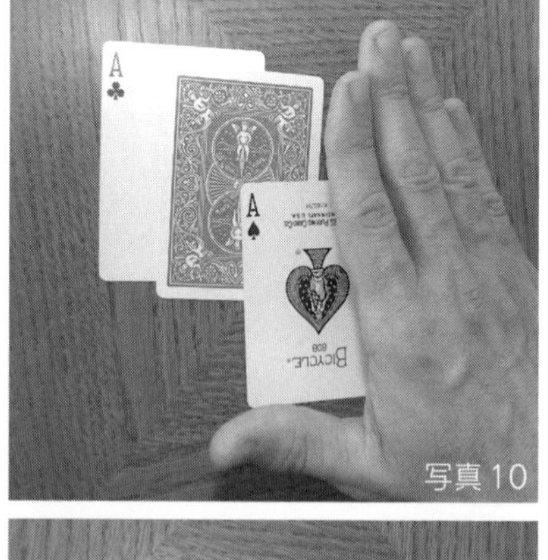
写真10

写真11

「カードが見えなくなったかのように見えるでしょうけど、実際には手のシワの中に隠れているんですよ」先ほどやったように、右手の両面をはっきりと見せ、見えないパームをしていることを示します。テーブル上に置いたカードの上に右手をのせ、堂々と裏向きのカードが見えるようにずらしていきます（写真9と10）。真ん中のカードを表向きにしてハートのエースであることを示したら、それを黒の2枚のエースに並べ、軽く広げた感じになるように置きます。右手でラフ加工済みの2枚を持ち、それを使ってテーブル上のエースを裏向きにひっくり返します（写真11）。裏向きに返したら、テーブル上の3枚は揃えてしまいましょう。

ダブル・カードを1枚のように扱い続けることが非常に重要なポイントです。ダブル・カードをテント・ヴァニッシュの位置に持ちます。ここで、"ハンド"・カードの手の写真が、実際の右手と同じ方向を向いていることを確認するようにしてください。私はパームする前にちらっと見て、必要であれば半回転させています。このカードを右手で覆い、本当に２枚をパームします(写真12)。これから、見えないパームが実際に行われている瞬間という、実にユニークで記憶に残る、鮮烈なシーンを観客に見せましょう。右手を一瞬返します。観客はここでパームされた“ハンド”・カードを見ることになります(写真13)。息を呑む瞬間！「もしちゃんと近くで見れば、カードが私の手に、本当に溶け込んでいくところが見えるかもしれませんよ！」

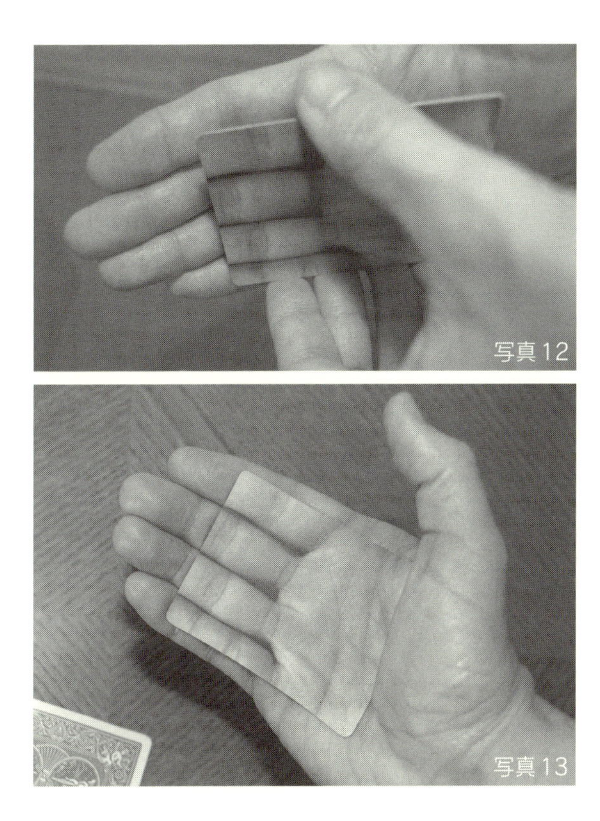
写真12
写真13

観客には“見えている通り”のことを言いましょう。演者は「自分の手は空です」と言おうとするのではなく、むしろ観客には何か、手に“溶け込んで”いる、カードの輪郭のようなものが見えていてほしいのです。これは、何かを受け取るかのように手を曲げてお椀のようにすることで、それっぽさが出るかもしれません。これを見たマジシャンたちは、私が透明なフィルムのようなものを使っていると考え、手品をしない一般の観客は口を揃えて「カードが手に溶け込んでいたんだよ！」と言ってくれました。

“ハンド”・カードを見せたあと、それが理解されるまで少しだけ待ち、テーブル上のパケットの上にパームしたまま置きましょう。パームしたカードを離し、そしてゆっくりと手を上向きにします（写真14）。空の手を示したらすぐ、パケットの一番上にあるカードをめくって、エースであることを示します（写真15）。

写真14

写真15

クリーン・アップのため、パケット全体を持ち上げ、トップのエースを裏向きに戻し、そして２枚のラフ加工カードの順番をスイッチしましょう。再びパケットを揃え、表向きにします。堂々と広げて、４枚のエースであることを示してください。ラフ加工してあるので、このクリーンなディスプレイが可能になるのです。最初にやったように、両手にそれぞれ２枚ずつ持ち、親指を使って前後に動かして全部１枚ずつだということが分かるようにしましょう（写真16）。始まりと同じ台詞で締めます。「４枚のエースだけです。それ以上でも以下でもありません」

写真16

NOTES and CREDITS

●Open Travelersは興味深く、そして異論の多い歴史に彩られています。ここで全部を紹介するには複雑過ぎるほど。ざっくり言いますと、1960年代後半、ダイ・ヴァーノンがエースのみを使ったAce Assemblyのアイディアを提起しました。1968年、ブルース・サーヴォンが『*Epilogue*』, #4にて "Face Up Flyers" を発表。ラリー・ジェニングスもアルトン・シャープ著の『*Expert Card Mysteries*』(1969) で、"Open Travelers" の名で作品を発表しています。10年近く経って、ポール・ハリスが『*Las Vegas Close-Up*』(1978) で "The P.H. Invisible Palm" を発表、このプロットにもうひとつの有名な呼び名を与えることとなりました。プロットの発展に寄与した人は他にもいますが、ここで挙げた人々はその中でも主要な人物たちであると考えられています。

●セオドア・デランドの "Fadeaway Card" は1908年の発売です。

●アーサー・フィンレイのオリジナルのテント・ヴァニッシュは、『*Stars of Magic*』のダイ・ヴァーノンの冊子、"*Slow-Motion Four Aces, Second Method*" (Series 6, No. 2, 1950) に載っています。

●自分の "ハンド"・カードを作るにあたり、スキャナーかカラー・コピー機が要ります。そっと右手のひらをガラス面に置いてコピーをしてください。それをブランク・カードの表の面の中心になるよう、スプレーのりを使って接着します。裏側から見たときに普通のカードに見えるよう、はみ出た部分は綺麗に切り落としておきましょう。

●アンディ・グラッドウィンは彼のOpen Travelersルーティーンで、ジェリー・アンドラスのオムニ・デックを使うという素晴らしいクライマックスを持っています。トリックの前に、追加の "ハンド"・カードをオムニ・デックの上にのせておきます。"Solo Aces" を演じたあと、デック全部で見えないパームをやってみようと言います。トップに "ハンド" カードをのせたオムニ・デックを取り上げましょう。パームの位置に取り、右手のひらを上に向け、透明なデックという実に奇妙な光景を示します。もし望むなら、手のひらを下に返すことで、"ハンド"・カードは手に残したまま、オムニ・デックをテーブル上に落としても良いでしょう。

ESSAY

Mental Block

あなたの頭の中には、数百のカード·トリックが詰まっています。あるとき誰かがあなたに「何かひとつ、マジックを見せてくださいませんか」と頼んできました。ですが突然、あなたはいままでに会得した全てを忘れてしまっている——こんな感覚、お分かりになりますよね。ど忘れ、というやつです。私たちは情報化時代に暮らしています。より多くのことを知りたいと思うほど、その全てを習得する難しさは増すばかり。加えて自身の覚え書きの中身をきちんと整理することが出来る、そんな贅沢な時間や機会はそうそう持ち得ないものです。マジックにおいて、この手のど忘れを避けるため、私は幾つか記憶のよすがとなるような記憶法を使っています。これは特に即席状態のときに役立ちます。

私はお気に入りのトリックのリストを1～6の数字に合わせて分類することから始めています。各数字は私が選んでくるトリックのカテゴリーを表しているのです。私の使い方を例にとって紹介しましょう。

One：カードが1枚だけ選ばれる、オープニングに適したトリック
- "Truth in Advertising"
- "Double Trouble"（『*Second Storm*』レクチャー・ノート, 2005）

Two：カードが2枚選ばれる、もしくは2つの選択があるトリック
- "Duplex Change"
- "Either Or"（2択の質問）
- "Club Sandwich" と "Double Monte"（『*Brainstorm*』DVD, Vol. 1）

Three："Triumph" とか、"Tri-" つまり "3" が思い浮かぶ、もしくは3枚選ばせるもの
- "Behind-the-Back Triumph"
- "Relay"（3人に3枚選ばせる）

Four：４枚をメインにするあらゆるトリック、例えばフォー·カード·プロダクションのような
●“Intro-verted”
●“Impostor”
●“Color Blind”（『*Brainstorm*』DVD, Vol. 1）

Five：５枚を使うトリック、通常はフォー·オブ·ア·カインドに加えて１枚選んでもらうパターン
●“Palm Reader Plus”
●“Homage to Homing”
●“Mr. E. Takes a Stroll”

Six：Xは終着点や終わりを表します。つまり、トリネタ
●“Ballet Stunner”
●“Lost & Found”
●“Gemini Prediction”（『*Brainstorm*』DVD, Vol. 2）

こうやってトリックをグループ分けしていくと、より思い出しやすくなります。これは電話番号の10桁をそのまま憶えようとするより、3桁か４桁ずつに区切ってやる方が憶えやすいのと同じですね。これの面白いところは、そのトリックがどういう意味や手続きを持っているのか、ということで選び、グループ分けする、というところです。また、１～6の順にトリックを1つずつ演じていくと、自然に組み上げられた素敵な即席ルーティーン·セットになることにも気付きました。

また、頭文字をベースにして記憶のセットを作りあげるのも楽しいですね。どんな単語でもいいので、自分にとって何か意義ある言葉や、何か演じる上でのシチュエーションを表すような単語を選ぶのです。例えば「STROLL」とか「*MAGIC*」とか、ですね。次頁に「IMPACT」を例にとって紹介します。

I　イントロ・トリック（輪ゴムを使うようなもの）
M　マネー・トリック（コイン・プロダクションやペンがお札を貫通するもの）
P　プロダクション（デック・プロダクション、フォー・エース・プロダクション）
A　アンビシャス・カード
C　カード・チェンジ／“Clairvoyance”（『*Brainstorm*』DVD, Vol. 2）
T　トランスポジション（位置交換）／“Triumph”／“Tailspin”（『*Brainstorm*』DVD, Vol. 2）

また、以下のようにアルファベットで記憶表も作れます。
A　“Advertising”／“All-backs”（“Troubleshooter”,『*Brainstorm*』DVD, Vol. 1）
B　“Biddleless”／“Behind-the-Back Triumph”
C　“Club Sandwich”と“Double Monte”（『*Brainstorm*』DVD, Vol. 1）
D　“Doghouse”（『*G Notes*』, 2008）　／“Detour”（『*Brainstorm*』DVD, Vol. 1）
E　“Either Or”
F　Four Ace Production／“Full Circle”（1998年に発表したトリック）
G　Gambling effect（“Extra-verted”／“Double Monte”）
H　“Homage to Homing”／“Here, There, Everywhere”（『*Second Storm*』DVD, Vol. 2）
I　“Invisible Deck”

マジック・マニアだなあとお思いでしょうが、これは非常に役立ちますよ。常に持ち運べる、個人的なGoogle検索みたいなものなのです。これにより、私は多量の情報を貯めておくことが出来、演技の最中にも順応性を持てて、ど忘れを防止し、そして何より、観客に向かって集中出来る、というわけです。この整理された記憶表は、誰かにデックを渡され、トリックをお願いされたときに特に有効です。

CHAPTER 4 FOUR

POCKET POWER

- Homage to Homing
- Pocket Change
- The Key Club

もしもポケットが使えるなら、以下の３つのトリックをやらない手はありません。
３段からなるパワフルなカード・トゥ・ポケット、
ちょっと面白風味のキー・チェーン、
そして観客のポケットを使った、スリをテーマにしたトリックです。

HOMAGE TO HOMING°

Effect：選ばれたカードが、４枚のジャックの真ん中にひっくり返った状態で差し込まれますが、何度も演者のポケットに移動します。最後には４枚のジャックが全てポケットへと移動してしまい、選ばれたカードは演者の手に現れます。

このトリックは、元々私が2008年に出したレクチャー・ノート『*G Notes*』の作品でした。私はTSD（The Second Deal）というオンライン・フォーラムに参加しているのですが、その関係でジョン・ケアリーが、ランス・ピアースの"Little Carlyle"という手順（ピアースが自身のサイト、The Magic Pebbleフォーラムに発表）の、彼流のハンドリングを送ってくれたのです。クラシックであるフランシス・カーライルの"Homing Card"を元にしつつ、ピアースのトリックは出現、消失と移動、そしてアンコールとして４枚の絵札とサインされたカードだけで行う、というところをその特徴としていたのです。このトリックに着想を得、私は本プロットをより深く掘り下げていったのでした。

"Homage to Homing"は、３段階に亘って難度が上がっていく消失（カードがポケットへと移動するところ）にその力点をおいたものです。このトリックには、皆さんが注目するに値する沢山の要素があります。１）各フェイズにおいて、選ばれたカードは４枚のジャックの真ん中にひっくり返した状態で置かれる。これは観客に分かってもらいやすいだけでなく、消失をこれ以上ないくらい明瞭に、そしてよりディセプティブなものにしてくれる。２）アッシャー・ツイストを使うことで、エレガントかつ瞬間的な消失が可能。３）第３段を加えたことで、現象がより強力に、そして分かりやすいエンディングとなった。特に最後の要素、これは多段階型のトリックにおいて必須の要素であると思っています。この不意打ちで起こる交換現象は、ルーティーンに満足のいくエンディングをもたらしてくれます。

数年前TSDにこのトリックを投稿したとき、かなり多くのお褒めの言葉を頂くことが出来ました。以来このトリックは私のストローリングの際の定番になっており、きっとあなたにも気に入って頂けるはずです。このトリックはテッパンであり、しかも完全に即席で行うことが出来ます。

Setup：特にありません。

Method & Presentation：「いままで、ファイブ・カード・モンテってやったことありますか？４枚のジャックと、あともう１枚使うのですが、選んでもらいましょう。何でもいいので１枚、私に見せないようにして抜き出してもらえますか？」４枚のジャックを抜き出し、それを表向きで赤－赤－黒－黒の順（もしくはその逆）で右手に持ちます。デックを観客の１人に渡し、演者が後ろを向いている間に数札を１枚抜き出してくれるように頼んでください。演者は体を右方向に向け、そこで密かに、持っているパケットの一番上のカード（表向きの）を、ジャケットの右ポケットの中に落としてきます。そうしたら観客の方に向き直ってください。残りのデックはもう使いませんので、脇によけておく、あるいは後ろのポケットにでも入れておきます。

Phase One

３枚のジャックを表向きにし、スタニオン・カウント（基本的には３枚でやるエルムズレイ・カウント）の最初の２枚分を行います。概要はこんな感じです：トップ・カードを左手に取ります。次のカードを取る際に、最初のカードを右手に残ったカードの下に密かにスティールして戻してしまいます。最後の２枚のカードについては順番を逆にしてしまわず、そのまま、右手で広げて見せたあと、左手のカードに重ねるだけです（これでこのあとのエルムズレイ・カウントの際、色については矛盾なく適切に見えます）。「超イージー・モードから始めましょう。あなたのカードをひっくり返して、４枚のジャックの間に入れてしまいます」まるで２枚かのように装いつつ、カードを１枚、エンド・グリップで取り上げます。そして左手を伸ばし、その上に選ばれたカードを裏向きでのせてもらいます。選ばれたカードは少しアウトジョグ気味にしておいてください。右手のジャックをその上に戻します（写真１）。カードの長い辺を、左手を内側に返しながら上から掴み直します（写真２）。左手を上げて、選ばれたカードを観客にもう一度見せます（このとき観客には、演者がそのカードを覗き見たりしていないことがはっきり分かるよう、気を配りながら行ってください）。そうしたら、手を下ろしながら選ばれたカードを押し込んで揃え、手のひらが

写真1

写真2

上に向くようにします。いまパケットは裏向きで、表向きの選ばれたカードが“3番目”の位置にあります。このカードを消すのに、エルムズレイ・カウントを1回行ってください。4枚の裏向きのカードだけが見えるでしょう。続けます。「おっと、どういうわけでしょう。あなたのカードが消えてしまいましたよ！」

カードが無くなってしまったことをより強く証明するために、すぐにリー・アッシャーのアッシャー・ツイストを行い、ボトム・カードをひっくり返してしまいます。これで全て4枚の裏向きのカードであることをディスプレイすることが出来ました。このツイストの直後、右手の2枚を左手のパケットの下に入れてしまいます。パケットを表向きにし、もう一度何気なくエルムズレイ・カウントを行えば、4枚のジャックだけであることを示せるのです――選ばれたカードはありません！

写真3

これから選ばれたカードをグリンプスします。観客に裏側が向くようにパケットをぱっと開いてファンにします(写真3)。ファンを左手で弾くことで、選ばれたカードをグリンプスするのに十分な時間が取れるでしょう。そうしたらファンを閉じ、裏向きにして左手のディーラーズ・グリップに持ちます。

右手が空なのを示してから、右のポケットへと入れ、先ほど置いてきたジャックを、裏向きで取り出してきます。「私のポケットの中に１枚カードがありました。さっき選んだのは［カードの名前］でした？ホントに？いやあ、お金を賭けたりしてなくて良かったですね」カードを見て、選ばれたカードの名前をミスコールします。なお、このミスコールを軽く考えないでください。これは“このカードは本当に選ばれたカードである”ということを強調してくれる大切なものです。つまり、“もしこのカードが選ばれたカードでなかったのなら、演者は一体どうやってその名前が分かったというのだ”と、不思議さをより一層強めてくれるのです。カードをミスコールしつつ、パケットのトップ・カードの下にブレイクを取ります。右手のカードをトップにのせてください。まだめくってはいけません。現象が観客に理解されるのを待ちます。しばらく我慢したら、ダブル・ターンオーバーを行い、そしてその下にブレイクを保ちます（私はこのカードを、左手の親指とその他の指で受け止めるようにして保持しています）。これは何気なく行われ、別に彼らの好奇心を満足させるようなものではありません。そうではなく、彼らが既に信じていることを再確認しているだけなのです。

Phase Two

さて、選ばれたカードをポケットへと移すのに、ここからマーローの策略を使いましょう。表向きのダブル・カードの内隅を、親指を上にしてつまみます（写真４）。

写真4

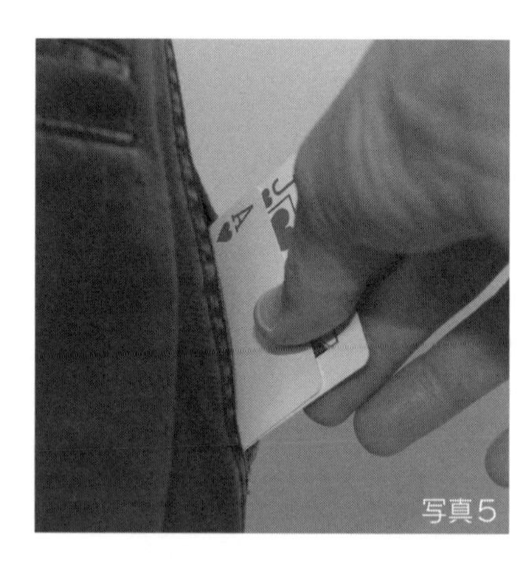
写真5

体を左に向けつつ、右手のひらが下になるように回転させていってください。

ダブル・カードを少しだけポケットへと入れます。選ばれたカードを右手親指で押し出し、ポケットの中に密かに落としてしまいます。この間、ジャックの裏面は相手に見えたままです（写真5）。すぐに外側のカードを引き戻し、裏向きのまま保持します。「大体のお客さんは、最初はカードがポケットへと飛び移るところを見ていないんですよ。もう一度やってみましょう」左手の親指を使って左手パケットを表向きに返します。ボトム・カードをバックルし、“選ばれたカード”を裏向きでそこに差し込んでください。

ここから続く部分を演じることで、3つのことをやり遂げることが出来ます。1）これにより選ばれたカードが、4枚のジャックのピッタリ真ん中にあるように見せることが出来る。2）これにより4枚のカードを5枚としてディスプレイすることが出来る。3）これにより裏向きのカードを、このあと必要になるボトムへと密かに移すことが出来る。パケットをエンド・グリップで持ち、1枚ずつ2枚のカードを左手に引き取っていきます。次の裏向きのカードを引き取る際に、最初の2枚のジャックを右手パケットの下にスティールしてください（写真6）。もう1枚ジャックを引き取りますが、少しインジョグ気味にしておき、そして残ったダブル・カードをその上に取りますが、これは更にインジョグ気味にします（写真7）。

写真6

写真7

私はたまに、ダブル・カードの手前の縁をつまんで、それを前後に動かしたりしています。これは1枚であることを伝えつつ、突き出たカードがパケットの真ん中にある、ということを強調してくれるのです（写真8）。ボトム・カードの上にブレイクを取りつつ、ゆっくりとパケットを揃えます。「あなたのカードはまた裏向きで４枚のジャックの間になりましたね。ですがどうしたことか、……消えてしまうのですねえ！」再びアッシャー・ツイストを行い、ボトムのカードをひっくり返します。今回は、４枚の表向きのジャックを公明正大にディスプレイすることが出来ますね。ゆっくりと、そして堂々と、右ポケットから選ばれたカードを取り出してきましょう。

写真８

Phase Three

「何故ファイブ·カード·モンテが人気ないのか、もうお分かりですね。マネー·カード[訳注]を追うのが不可能に近いからなのです。このゲーム、もう一度挑戦してみましょうか。あなたのカードを４枚のジャックの真ん中に裏向きで入れますよ」４枚のジャックの真ん中に、観客のカードを裏向きにして、正々堂々と入れ、そしてカードを揃えてください。カードがジャックの間にあるということをあらためるため、先ほどやったのと似た感じで、以下のビドル·スティールの手順を行いましょう。トップの２枚を１枚ずつ、左手に引き取っていきます。続く裏向きのカードを引き取る際、最初の２枚のジャックをパケットの下にスティールしてしまいます。ジャックを１枚トップへと引き取りますが、ここでは軽くインジョグし、更にその上に残るトリプル·カードをよりインジョグして置きます。先のフェイズと似たように、トリプルの内側の縁をつまみ、少し前後に動かします（写真８）。カードを揃える際、トリプルの下には左手小指でブレイクを取りますが、この時も裏向きのカードは突き出たままです。これは真ん中からアウトジョグされているように見えますが、実際にはボトムのカードなのです。

ゆっくりと裏向きのカードをパケットへと押し込んでいきますが、ボトム２枚の上のブレイクは保ったままです。ここが非常にマジカルな瞬間です。ボトムの２枚は１枚として揃えたまま、ゆっくりとトップ３枚のカードを広げていきます（ブレイクがあるのでやりやすいはずです）。４枚のジャックが、間に

訳注 当たりのカードのこと。

は何もない状態で見えるでしょう。以下のディスプレイを使い、選ばれたカードが消えてしまったことをより強めることにしましょう。トップの表向きのジャックを取り上げ、裏向きにし、パケットの下へと入れます。この動作を続く３枚のジャックでも繰り返します。選ばれたカードが裏向きなので、ここでは４枚の裏向きのカードだけが示されます。選ばれたカードはいまトップにきています。

「さて、と。私の一番好きなパートなんですが……、お客さんが私のポケットに手を入れてカードを取り出そうとすると……」と言って、デヴィット・ウィリアムソンの“51 Cards to Pocket”のときのように、体を左に向け、観客を１人呼び、あなたの右ポケットへと手を入れてもらうような流れにします（実際には入れさせません）。こうすることで、自然に右手をパケットの上へと持ってきます。右手指先でトップ・カードを前に押し出し、それ以外の４枚を右手親指でクリップしてください（写真９）。これはパームというほどのものではなく、サム・クリップ、親指の付け根で挟む程度です（写真10）。観客が右ポケットへと近付いてきたら、右へ向き直り、右手（４枚のカードをクリップしている）をポケットへと入れます。観客にポケットに手を入れさせるのを考え直したかのようにしつつ済ませてしまってください。ここでは、右手は常に甲を観客に向け続けること、そして観客へは左手でジェスチャーをすること、この２つが上記を行う助けとなります。

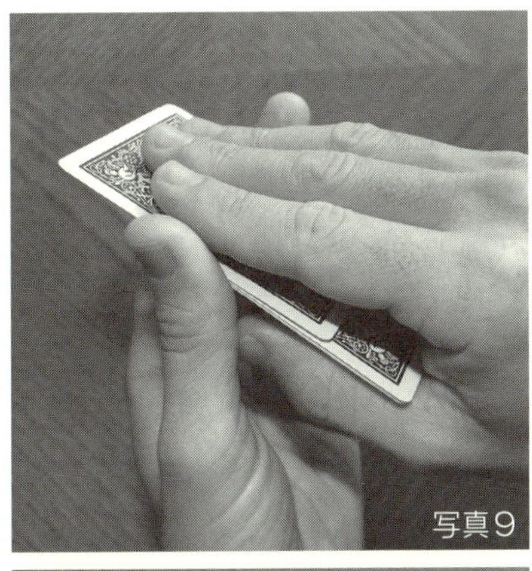
写真９

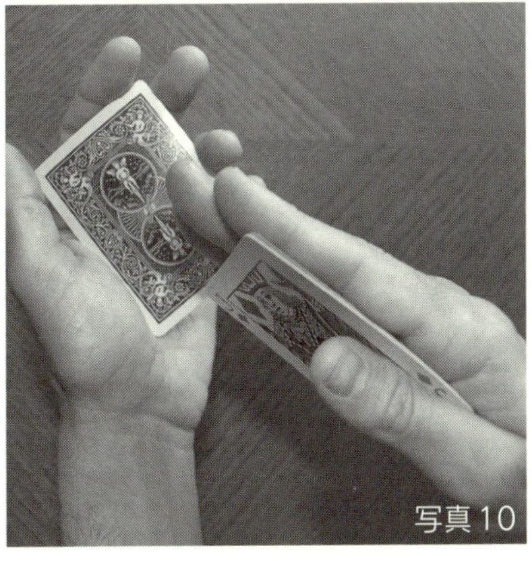
写真10

「あ、ちょっと待って。私が自分で出してきた方がいいでしょう。ポケットの中には……」クリップしていた４枚のカードを、緩めに揃えて取り出してきます。ゆっくりと広げ、手首を回転させて４枚のジャックを示してください。続けます。「あなたのカードじゃありません４枚のジャックです！」注意は自然に演者の左手へと向くことでしょう。私は選ばれたカードの右の辺を人差し指と中指でつまみ、フリップして表向きにすることで、ドラマティックかつ明確なフィニッシュとして示すのが好きです（写真11）。

写真11

Optional ending

４枚のジャックをすぐに取り除く代わりに、エンディングを幾つかの段階に分けて見せることも出来ます。ここでは、４枚のジャックを持った右手を右ポケットに入れたら、１枚だけ、さも選ばれたカードであるかのように半分だけ取り出してくるのです。「またまた、あなたのカードが私のポケットへと飛んできてしまいました……が、これは簡単なパートです。難しいパートというのは、このカードをまた私の手に飛ばし返すというところでして」引き出しかけたカードを再びポケットに戻し、左手のカードの上で指を鳴らしてください。サインされたカード１枚だけしかありません――今回は４枚のジャックが消えてしまいました！ゆっくりと、そして堂々と右ポケットから４枚のジャックを取り出してきましょう。この方法を行えば、３回のマジカルな瞬間を作ることが出来ますね！

NOTES and CREDITS

●フランシス・カーライルのトリック、“The Homing Card” は『*Stars of Magic*』(Series 4, No. 2, 1948) に載っています。

●ランス・ピアースの “Little Carlyle” は、元々2007年にオンライン・フォーラムであるThe Magic Pebbleに投稿されたものです。

●アッシャー・ツイストは彼のDVDである『*Asher Twist*』(2005) でレクチャーされています。

●51枚のカードが消失してしまうというコンセプトは、ドン・イングランドの『*T.K.O's*』(1981) の “Phase 51” にて見ることが出来ます。その後に発表されたデヴィット・ウィリアムソンの『*Williamson's Wonders*』(1989) の “51

Cards to Pocket" で人気が出ました。

●"Homage to Homing" はデック・スイッチの完璧なチャンスをもたらしてくれます。序盤でデックはポケットへとどけてしまいますので、トリックが終わったあと（もしくは、必要なら５枚のカードを取り除いた上で）、実に容易に別のデックを取り出してくることが出来ますよ。これはCHAPTER ６の "Ballet Stunner" に繋げるのに、実に良い具合です。

POCKET CHANGE°

Effect：何人かの観客に“10”を貸し付け、ポケットにしまっておいてもらいますが、彼らはピックポケット――スリの犠牲者になってしまいます。10のカードは消え失せ、“懐中の小銭（ポケット・チェンジ）”になってしまうのです。

ポケット・インターチェンジというプロットは、私の長年に亘る興味の対象でした。私はこれまでに“Quickpocket”（『*Second Storm*』DVD, 2007）や“Hide and Seek”（『*G Notes*』, 2008）といったものを発表していますが、どちらもクリーンでダイレクトな４枚と４枚の位置交換現象トリックです。では本作“Pocket Change”はどこが新しいのでしょうか？まず、観客の人たちのポケットを使うところです。これで「何が起こるんだろうか」という興味を引き出し、ユニークで奇妙なカードを示す段で、彼らの期待を完全に上回ることが出来るわけです。しかもそれを成すにはギャンブラーズ・コップ（と、何枚かのステッカー作り）をするだけという。実にお買い得な逸品ですよ！

Setup：トリックを行うのに、何枚かのコインのシールを手に入れなければなりません。私が自分で使っているものはeBay[訳注]で見つけました。シールを何枚か、４枚のブランク・フェイス・カードの真ん中あたりに貼り付けます（写真１）。デックを表向きで持ち、３枚の“コイン”・カードは裏向きにしてデックの下にセットします。残った１枚はあなたのジャケットの左のポケットに入れておきましょう。これで準備完了です。

もしこのトリックをシャッフルされたデックからやりたければ、“コイン”・カードを４枚全部、ジャケットの左ポケットに入れておけば大丈夫です。演技の準備が整ったら、デックを持った左手をジャケットのポケットに入れ、３枚の“コ

訳注 アメリカで有名な、オークションおよび商品売買を行うウェブ・サイト。日本でいうYahoo！オークションの、更に大規模なものをご想像ください。

写真１

イン”・カードをデックに密かに付け加えてきてしまえば良いのです。表向きデックの下に、その３枚を裏向きで付け加えてくる、ということですね。

即席での状況でしたら、“コイン”・カードの代わりに、目立つフォー・オブ・ア・カインドを使えば大丈夫です。その他についてはNOTES and CREDITSをご覧ください。

Method & Presentation：３枚の“コイン”・カードが表向きデックの下にある状態で、少なくとも３人の観客を相手にこう言います。「いままでスリに遭ったことはありますか？えーと、やってみようと思うんですよ、いまから。ここで。いえいえ、ご心配には及びません。あなたの本当のお金を使ったりはしませんから。皆さんそれぞれに10ずつお貸しします。デックから４枚の10を出すのでそれを使いましょう……モノポリーとかやるときの“お金”みたいにね」

４枚の10をアウトジョグしていき、裏向きにしたら、表向きのデックの下へと入れます。４枚のキングも同様にしつつこう言います。「このキングたちは、４人のスリの名人ということにしましょう」

デックをひっくり返し、11枚のカードの下にブレイクを取ります。これはナチュラル・ブレイクがあるので容易に出来ます。私はブレイクを取るのに、デックを緩めのエンド・グリップで持ち、これに下向きに軽くトスしています。これにより、デックはナチュラル・ブレイクの下から分かれ、左手に収まる、という寸法です。右手に残ったかたまりをトップに置き、その間には左手小指でブレイクを取ります。

7枚のカードを広げますが、これで4枚の10と4枚のキングをはっきりと示します。ボトムの2枚の10は別々の色になっているようにしてください。もし同じ色だった場合は、何気なく並べ直します。

11枚のカードを裏向きにひっくり返し、堂々と8枚のカードを広げて右手に取ります。デックは脇にどけてしまってください。「この8枚しか使いません……4枚の10と4枚のキングです」ですが実際には4枚の10と1枚のキング、そして3枚の"コイン"・カードを持っている状態です。

さて、使うのは8枚のカードだけです。表側にあるキングをちらっと見せて、それからトップの4枚のカードを表向きにしたように見せます。実際には、3枚のカードをスプレッドし、残りの4枚をブロック・プッシュオフ、そしてその7枚全部をボトムのキングの上にひっくり返します（写真2）。3枚のカードをスプレッドすることで、4枚の10をしっかりと示します。その際、3枚目の10をインジョグしてから、もう一度7枚のカードでブロック・ターンオーバーを行ってください（写真3）。右手の親指を使ってインジョグ・カードごと持ち上げて、トップの5枚をエンド・グリップで持ちます。左手は手のひらを下に向け、"キング"のパケットを表向きにしてテーブルに置きます（実際には1枚のキングと2枚の10）。私はカードをほんの少しだけ反時計回りに捻って、カードの縁がちょっと見えるようにしていますが、4枚以下であることが分かってしまうほどには広げないでください。

「私たち用の10点札です。1枚ずつこの10を渡しますので、誰もそれに触れないように、特にキングが触ることが出来ないように、ですが、どこかのポケットにちゃんとしまっておいてもらえますか」

いま演者は5枚のカードを持っています。2枚の10の上に3枚の"コイン"・カードという状態ですね。これからダローのライジング・クライム・ディスプレイを行います。パケットを右手で裏向きに、エンド・グリップで持った状態で始めます。カードを所定の位置にするため、トップとボトムのカードを同時に左側へと引き取ります（揃っている必要はありませんので、このプロセスで広

写真2

写真3

げてしまいます)。そしてもう1枚を引き取りますが、これを先の2枚の右側にずらして置きます。右手には揃った状態のダブル・カードが残りますね。左手の広がっている3枚の上にそのダブル・カードを取り、親指で挟んで保持します。これは4枚のカードをスプレッドして持っているように見えるはずです。そこに続けて、以下のようにしてください。

右手のひらが下を向くように回転させ、ダブル・カードの右の辺をつまみます(写真4)。そのカードをスタッド・ディールのようにして前方に返して10であることをちらっと見せます(写真5)。そうしたらそのダブルをパケットの上で裏向きにひっくり返してください。間をおかず、トップのカードを観客に渡して、どこかのポケットへと入れてもらうのですが、観客がカードの表を見てし

写真4

写真5

まわないように、ある程度キビキビした手早さで済ませます。ここではアイ・コンタクトが非常に効果的でしょう。

２枚のカードを左手に引き取り、広げた２枚の上に残るダブルを右側に取って挟んで保持します（先の段にてやったのと同じような感じです）。再び右手のひらを下向きに返して、ダブル・カードの右の辺をつまみ、ひっくり返して別の10であることを示してください（写真6）。ダブルをパケットの上に裏向きにひっくり返します。トップ・カードを押し出し、それを別の観客に渡して、ポケットに入れてもらいましょう。

写真6

写真7

右手の指先、親指を上にして残りの３枚をつまみます。トップの１枚を左手でやはり親指を上にしてつまんでください。右手にはダブル・カードが残ります。両手のひらを下向きに返すことで、２枚の10を同時に見せることが出来るでしょう（写真７）。再び両手のひらを上になるように回転させ裏向きに戻したら、左手の１枚を右手の２枚の下に入れ、それからカードを揃えます。トップ・カードを押し出し、３人目の観客に渡してポケットに入れておいてもらうように頼みます。

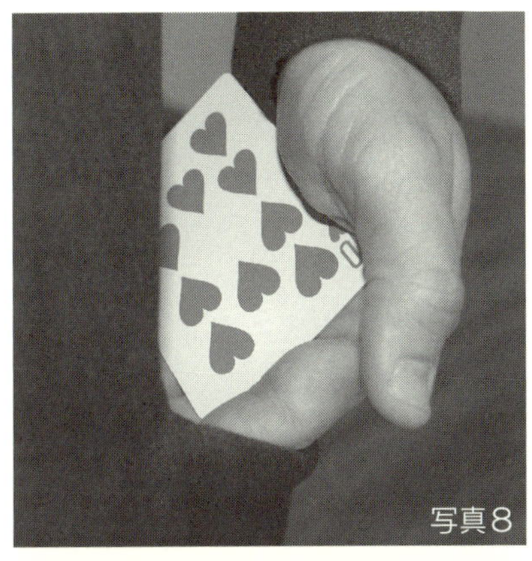
写真８

残っているダブルを表向きに返し、左手の深めのディーラーズ・グリップにて保持します。左手を左のジャケット・ポケットへと動かしてください（写真８）。左手をポケットに入れたら、ダブル・カードはしっかりとギャンブラーズ・コップの位置に直し、一見して空の手を出してきたかのように見せかけます。ここでは、ポケットの外側を軽く叩くという素敵なサトルティで、暗に手が空であることを示すのです。

写真９

「全部で40点の札が、４人に分けられました。ですがキングに気をつけて。そう、我らがスリの名人です」ここで、テーブルに置いた“キング”のパケットを右手エンド・グリップで取り上げます。同時に左手はカードをコップしたまま前方へと動かしていくのです。私は“キング”のパケットの下側を見せて注目を集め、左手に注意が向かないようディスプレイするのが好きです。カードを揃える動作の中で、“キング”のパケットを、左手に隠しているダブル・カードの上にのせてしまいます（写真９）。いま、１枚のキングで隠しつつ、４枚の10を全部持っていることになります。

パケットを裏向きにし、エンド・グリップで持ちます。リバース・カウントで左手に３枚取り、残ったダブルをトップにのせます。スプレッドを閉じる際に、ボトム２枚の上にブレイクを取ってください。これでトップの３枚がフリーになり、最後のディスプレイをする際に非常に楽になります。トップ・カードを右手親指の腹で前方に半分ほど押し出します。このカードの右辺を親指を上にしてつまみますが、同時に右手の指先でその下にあるダブル・カードをつまむのです（写真10）。左手の指を使ってボトム・カードを手前側に引き、"４枚"の裏向きのカードを一直線にしてください（写真11）。ボトムの２枚は左手でつまみ、はっきり見えるように両手の４枚の10を垂直に立てていきます（写真12）。各"ペア"をきつくつまんだら、それぞれ２枚ずつだけだということを示すために、お互いで弾き合わせてください。これが済んだら、もうこれらは演技に関係ありませんので、残りのデックと一緒にしてご退場頂きましょう。

この一連の手順の中ではこう言います。「キングにご注目ください……ワン、ツー、スリー！４枚のキングは消え失せ、ここには４枚の10が」続けてこう言いましょう。「キングにスられてしまって、ポケットにはもう小銭しか残っていません[訳注1]」

写真10

写真11

写真12

観客たちに、1人ずつ自分のポケットを確認してもらいます。“コイン”のカードを見つけて観客は大変驚くでしょう。3枚のカードが取り出されたら、観客の1人に、演者のジャケットの左ポケットから最後のカードを取り出してもらいます（このアイディアはトマス・ブロムバーグより）。そこには1枚のカードしかありません——“コイン”・カードが「演者は先ほどポケットへ10のカードを1枚入れた」と観客は信じ込んでいる！ので、これは大変ディセプティブなものになっています。

NOTES and CREDITS

●“Pocket Change”は関連する私のトリック“Quickpocket”（『*Second Storm*』Vol. 1, 2007）から繋げるのに大変適したものです。

●Pocket Interchangeのプロットはジェリー・サドウィッツが作りました。『*Alternative Card Magic*』（1982）で“The More Things Change”として発表されています。

●Pocket Interchangeについてより深く知りたければ、ジョン・ラッカーバーマーの『*Modus Operandi* VII』（1996）を読むことをお勧めします。

●ダローのライジング・クライム・ディスプレイはスティーヴン・ミンチ著の『*For Your Entertainment Pleasure*』（1982）に載っています。

●私はこのトリックで10とキングと“コイン”・カードを使っていますが、他のどんなカードの組み合わせでも、あなたのお好きなものを使えます。即席状態でしたら、2とか、他の目立つフォー・オブ・ア・カインドを“コイン”・カードの代わりにすると良いでしょう。もしくは、もし他の奇妙なカードを用意出来るのなら、表に大きく「？」の描かれたブランク・カードを使うとか、マイラー[訳注2]を貼ったカードを使って「これは全部ミラー（鏡）を使ったんですよ[訳注3]」と言ってみたり。

●観客のポケットを使わずにこのトリックを演じることも出来ます。その代わ

訳注1　本トリックは全体としてPocket Changeを、「ポケットの中身のチェンジ（変化）」と「懐中のチェンジ（小銭）」というのにかけています。

訳注2　デュポン社製のポリエステル・フィルム。色々種類がありますが、ここで言っているのは、銀色で反射する鏡（ミラー）っぽい感じのシートです。

訳注3　英語でsmoke and mirrorsといえば、“マジシャンが使う煙と鏡”、そこから“タネと仕掛け”のような意味があります。日本語で考えると「タネがあるんですよ」と言って、何か植物の種子の絵を見せる、のようなジョークとでもいえるでしょうか。

りにあなたのクロースアップ·マットを使いましょう。準備の際に、“コイン”・カードを１枚、マットの左奥隅の下に置いておきます。演技の最中、最初の３枚の10 (実際には“コイン”・カードですが) を左奥隅以外の３隅に入れていきます。４枚目の“10”をマットの下に入れにいきますが、コップして引き戻し、先に記述した通りキングのパケットに加えてしまいましょう。マットの下には本当に４枚のカードが裏向きで置いてあるため、観客にそれをちらりと覗かせることだって可能ですよ。

KEY CLUB°

Effect：演者はキー･チェーンにくっついている５枚のミニ･トランプを示します。観客が適当なカードの名前を言いますが、それとキー・チェーンにある予言が一致するのです。

このトリックの始まりは、テリー・シーブルックのトリック、“Keyring Card”（『*New York Magic Symposium, Close-Up/Stage Collection Two*』, 1983）からでした。シーブルックの見せ方は斬新で好きだったのですが、カードをフォースしなければならないというところが気に入りませんでした。“The Key Club” は幾つかの方法でこのアイディアをより拡張したものです。1）トリックは全てこの１つのキー･チェーンのみで行うことが出来る（デック不要）。2）フォースしない。3）５つのアウトを組み込んでいる。4）全てポケットに収まる。ちょっとした小ネタから始めましたが、驚くほど強力な現象になりました。

Setup：５つのアウトを巧妙に組み込んだキー･チェーンを１つ用意します。以下にどうやって作るかを説明します。

１．ノベルティ･グッズなどにある、ポーカー・チップがくっついたキー・チェーンを１つ手に入れます。高い額面が刻印されているとベターです（写真１）。裏面に、「あなたはスペードのキングを選ぶ」と書いた丸いシールを貼っておいてください（写真２）。

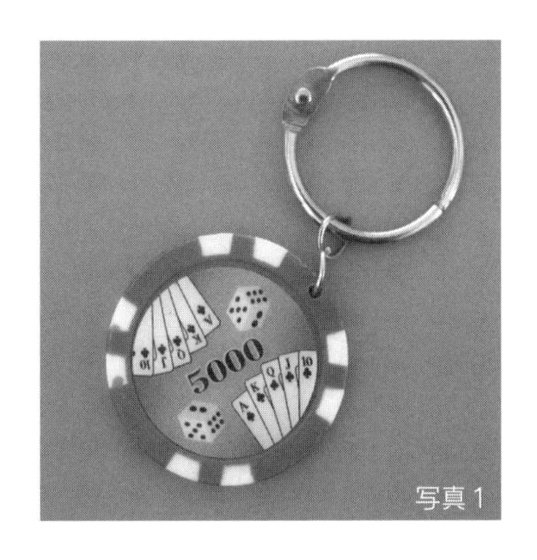

写真１

訳注 Ace Hardwareはアメリカのメジャーなホーム･センター的なお店です。

2．それから２本の鍵が必要です。１本はエース・ハードウェア[訳注]の、“Ace”と刻印されたものでなければなりません。もう１本の裏には“スペードの10”と書いた小さなシールを貼っておきます。

写真2

3．最後のステップは、５枚のミニ・カードでロイヤル・フラッシュを作り、キー・リングに通しておくことです。２つのミニ・デックが必要になります。１つは青で１つは赤。青デックからはスペードのエース、キング、クイーン、そして10を抜き出し、赤デックからはスペードのジャックを抜き出してください。それらを以下のように並べます。表側にエースを配し、コーナーにパンチで穴を開けます（なお、ノベルティのキー・チェーンの中には、最初からプラスティック製のロイヤル・フラッシュ５枚カードがくっついているものがたまにあります。その場合は、ジャックの裏だけ見た目が違うものにするため、裏に大きく“×”マークを描いておきましょう）。

写真3

4．クイーンの表側に“私を引いて！”と書いた小さなシールを貼ります（写真3）。狭めのファンにしたときには、そのシールが見えないような位置に貼りましょう（写真4）。

写真4

5．最後に、道具類を全てキー・チェーンにまとめます。全てのセットは、ポケットの中に収まるようにし、そして取り上げたときにはどのアウトも見えないように気をつけてください（写真5）。

写真5

写真6

Method & Presentation：キー・チェーンを取り出してきて見せ、観客に向けてカードを正ファンにして示します（写真4）。「こんな風な、ロイヤル・フラッシュのついたキー・チェーンを持っている人に会ったことはありますか？それが意味するのは、彼らが"キー・クラブ"というハイ・クラスなグループの一員であるってことなんです。あなたにこの高級メンバーズ・クラブの一員たる資質があるか見せてもらいましょう。いま目の前にある５枚のカードの中で、どれでもいいので１枚思ってくれますか？３つ数えたらそのカードが何か、声に出して言ってください」

以下に記載するようにして、観客の返事に応じて一致する予言を明かしていくことになります。他のアウトが見えてしまうことなく、該当する予言のみをはっきりと見せられるよう構成されていることに注目してください。

スペードのクイーンの場合：「ああ、オンナのカンの力ですね。クイーンはずっとあなたが選んでくれると信じていたんですよ」カードを大きめに広げ、クイーンが唯一、その表面にメッセージがあるカードであることを示します（写真6）。

スペードのジャックの場合：「あなたは透視能力の持ち主に違いありません」ジャックをずらして、１枚だけサイドに突き出た状態にします（写真7）。観

写真7

写真8

客が裏面を見ることが出来るよう、キー・チェーンをゆっくりと回転させていきます。そしてジャックが唯一、別の色の裏模様であることを示しましょう（写真8）。自然と右手で隠れるので、キーやポーカー・チップの予言が見えたりはしません。

スペードのキングの場合：「よくぞ！私は5,000ドルをあなたの答えに賭けていたんです。ヴェガスにご同行願いたいですね！」ポーカー・チップに注目を集め、ひっくり返して書いておいた予言を示します（写真9）。

スペードの10、もしくはスペードのエースの場合：「素晴らしい、そのカード、憶えておいてくださいね。そしてお分かりでしょうか、私は２本の鍵を持っています。ですがそのうちの１本だけがキー・クラブへの扉を開くことが出来るのです。どちらか私の方に押し出してもらえますか」ポーカー・チップをカードの下にして、２本の鍵に注目が集まるようにキー・チェーンを持ちます（写真10）。観客にどちらかの鍵を演者の方に押してほしいということを説明してください。どちらのカードが言われていたかにより、触られた方の鍵について、“取り除く”鍵なのか、“選んだ”鍵なのか言うようにします。「そう、あなたはカードも、鍵も選びました。さあ、キー・クラブへの扉は開かれたかどうか、見てみましょう」

もし彼らがエースと言っていたら、「あなたはキー・クラブのメンバーになることを運命づけられているのですね。本当に、あなたの選んだ鍵には刻印され

写真9

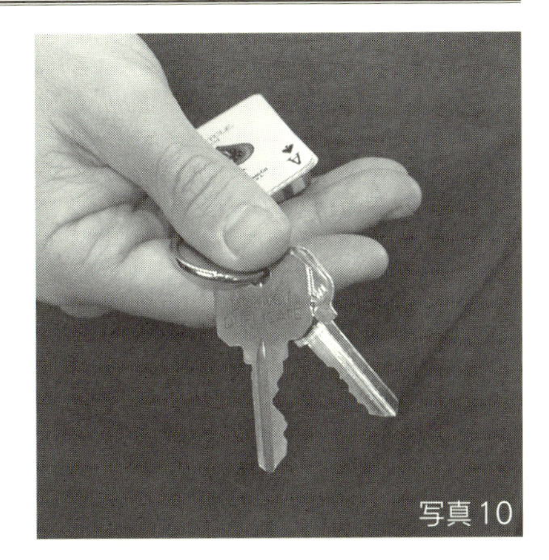
写真10

写真11

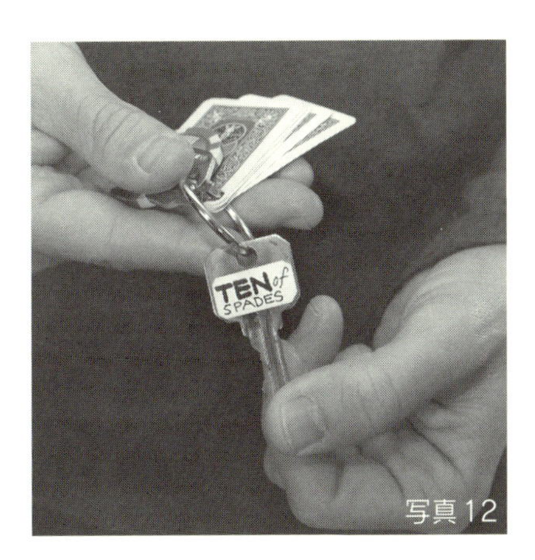

写真12

ているのです、“Ace”とね」エースの刻印を示しますが、もう一方のキーが見えないように気をつけてください。このとき、カードが使わない方の鍵をいかに自然に隠しているかお分かり頂けるでしょう（写真11）。

もし彼らが10と言っていたら、“選ばれた”鍵に書かれたメッセージを示します（写真12）。もう片方の鍵については見えてしまっても大丈夫です。“Ace”の刻印があることは、演者が言いさえしなければ気付かれることはないでしょうから。

５つのアウトのどの結果になっても、私は何気なくキー・チェーンをしまい、観客の手を握ってこう言うのです。「キー・クラブへようこそ！」

NOTES and CREDITS

●これはいつでも持ち運べる大変素晴らしいトリックです。２本の鍵が本当にいつも使うもの（例えば家の鍵と車の鍵であるとか）であれば尚良いでしょう。更に、マジックという話題のとっかかりにしたり、より長い即席手順の導入にも非常に適しています。

●私の演じた最初期の手品は、子供の頃やった“Mind Control”でした。これは３つのアウトを用意し、それらをそれぞれ鉛筆、選ばれるカードの裏、そして封筒の中にセットしておくものです。“The Key Club”は３つではなく５つのアウトを、それもあなたのキー・チェーン１つの中に全て格納することが出来るのです。私は殆どどこに行くときでも、自分のセットを持ち歩いています。

●これは予言トリックとして演じるべきではありません（観客がどれを言うか、演者は前もって分かっていた、風の）。それよりもこのトリックは、たった１つの可能性のカードなり鍵なりを言い当てた、観客の人並外れた感覚能力についてを強調することで、プレゼンテーションを成り立たせるべきです。端的に言えば、あなたの能力云々というより、全ては観客の能力のおかげだ、という感じですね。

ESSAY

Magic T.I.P.S.

2005年に、Magic T.I.P.S.と題した短い原稿を書きました。T.I.P.S.は、Tested Ideas and Practical Suggestionsの頭文字を取ったもので、"実証済みのアイディアと実践的な提言"、といった意味合いです。難しかったり厳しかったりするようなルールではありません——私のマジックを強めてくれる、本当に価値あるものなのです。以下に紹介するのは、私の好きなT.I.P.S.です。あなたの中にも何か響くものがあるのではないでしょうか。

Ask "What if ?"——「もし～だったら」を問う

私が作ってきた多くのトリックは、こんなシンプルな問いかけから始まりました。「もし～だったら？」です。もしカードが透明なカード・スリーブの中に戻ったら？もしカエルのシールをカードに貼ってみたら？もし観客にシャッフルさせたのに、並びが元に戻ってしまったら？もしカードを常に、例えばワイン・グラスに入れるなどして立たせておいたら？もし私が自分の本職——広告業ですが、それをベースにトリックを作ったら？あなたも試してみてください。いつもの常識にとらわれずやってみるのです。金脈を掘り当てることだってあるかもしれませんよ。

Dialogue, not Monologue——独り言ではなく、対話を

私のトリックには殆ど台本がありますが、それを制約としてみたことは一度もありません。クロースアップ・マジックを演じる美点というのは、観客とお互いに交流しあう機会を持てることです。台本とは、観客のことを心におき、彼らと一緒に作り上げていくものであり、独り言から対話へと変えていける柔軟さを持つものであるべきでしょう。よく耳を澄ませて、反応することを忘れないでください。観客たちに何を見てほしいかだけではなく、どう感じてほしいかということを意識してください。自分の構成要素を色々な角度から知ることで自由さと自信が備わり、観客に集中することが出来るようになるでしょう。

Practice in Mime ー動きの練習ー

私の好きな練習方法のひとつが、“何も持たないこと”です。読んで字の如く、道具を何ひとつ持たずに練習するのです。両手のみを使った、単純なパントマイムですね。この練習法は、自分の体の動きと身振りに関する認識を高めてくれます。やってみてください。１つのトリックを、あなたの両手以外、何も使わずに練習してみるのです。カードを持つふり、技法を行うふり、コインを消すふりもしてみましょうか。さて、両手を見てみてください。どんな風に見えますか？震えていますか？あなたの動きは優美で滑らかでしたか？もっと見た目が良くなるように、少々変化をつけられる点はありませんか？マジックというのは、見ていて美しいものであるべきです。たとえそこで、魔法的なことが何ひとつ起こっていない瞬間であったとしても、です。細部を手直しすることは、あなたのマジックを非常に強めてくれますよ。

Be Curious――好奇心を持つ

最近、誰かに何か、本当に何でも構いません、何かを教えたときのことを考えてみてください。あなたは何を学びましたか？そうです、あなたが教える側であったとしてもです。そのとき何を学んだだろうか？こういった問いかけは私たちの好奇心を維持する助けとなります。考え、そして反応するという努力を怠れば、好奇心というものは簡単に駄目になってしまうのです。好奇心を持ち続けるということは、マジックにおける私の成長の中で、最も重要なもののひとつです。あなたの周りの全ての人や事物から、学ぶことにオープンでいてください。このことは演技の（もしくはレクチャー、または即席で演じた）あとに殊更重要です。己に問うのです。何がうまくいった？何がもっとうまくいくはずだった？何に驚いた？何が違った風にやれた？何を学んだ？とね。

Advice to a Friend――友人へのアドバイス

友人が近々やるテーブル・ホップの仕事に関して、私にアドバイスを求めてきたことがありました。それに対して系統立てて説明するというのは、私自身の実践状態を省みることでもあり、学ぶという行為の本質的な体験を意味します。ということで、どんなアドバイスを友人にしてあげるのが正解でしょうか。私のした幾つかを、あなたにもお教えしましょう。

●オープナーは手早く、視覚的で、あなたらしいものを

●事前にプランを立てておく。単にトリックを並べるのではなく、観客の反応に対してあなたはどうあるべきか、明確にしておく

●その仕事について可能な限りを知っておく。お客様の数は？会場は？スタンディングのみ？小さなグループ？8～10人用の丸テーブル？周囲の雑音は？衣装は？これらを考慮して計画を練ります

●他人の気持ちを酌める人でいるべき。アイ·コンタクトをしましょう。全てはトリックのためではなく、観客のためにあります

●"信頼に足る" 感を滲み出させる

●メインとなるトリックと、代替のトリックのリストを作る。これを用意しておくことで、ちょっとした変更にも対応出来ます。以下に例を：

1. "Crazy Man's Handcuffs" / "Full Circle" (私が以前に発表したロープのトリック)
2. Coin production / "Fairy Tale Frogs" (『*Brainstorm*』DVD, Vol. 1)
3. "Truth In Advertising" / "Troubleshooter" (『*Second Storm*』 レクチャー·ノート, 2005)
4. "Either Or" / "Biddleless"
5. "Homage to Homing" / "Palm Reader"
6. "Ballet Stunner" / "Constellation" (『*Second Storm*』DVD, Vol. 1, 2007)

CHAPTER 5 FIVE

WORKER'S TOOLBOX

- Overturned Counts (Overturned Elmsley & Overturned Stanyon)
- Biddleless (The Biddleless Trick, Name That Tune & One For The Boys)
- Duplex Change (Whispering Jokers, Upstanding Change & Boxed Transpo)

このチャプターでフォーカスしているのは、
あなたのマジックの引き出しに加えることの出来る、
幾つかのムーブとその活用方法です。
強力な即席手順も幾つか解説されていますが、それだけにとどまらず、
あなたも自分で手順を作りたくなること請け合いです。

OVERTURNED COUNTS°

これから紹介する２種類のカウントは、スタンダードなエルムズレイ・カウントやスタニオン・カウントに加えたり、もしくはその代替として使うことが出来る技法です。見た目は、従来の手から手に数え取っていく動作ではなく、それよりも自然な“スタッド・ターンオーバー”の動作に近いものです。特長としては、それぞれのカードの表と裏を見せているように見えて、実際には表を１面だけ見せない（オーバーターンド・エルムズレイ）、もしくは３枚を４枚として見せている（オーバーターンド・スタニオン）ことです。どちらの技法も、パケットが表向きである状態から始めるものです。

1．OVERTURNED ELMSLEY

スタンダードなエルムズレイ・カウントと同じく、オーバーターンド・エルムズレイは４枚のカードのうち３枚目を隠します。これは１枚だけ違う“表の面を”隠すのに理想的なものであり、違う“裏の面を”隠すのにはあまり向いていません。この技法の良いところは、それぞれのカードの表も裏も見せたように見えるという点です。パケットは表向きの状態で始めます。３枚のクイーンと１枚のエースを使って、カウントの最中エースを隠す、というかたちでやってみましょう。カードを表向きで以下の順序に並べてください：ハートのクイーン、スペードのクイーン、ハートのエース、クラブのクイーン（写真１）。エースが３枚目に来ることと、色違いのクイーンが表側にくるということだけ憶えておいてください。

写真１

1．バックルないしプル・ダウンを利用して、一番下のカードの上にブレイクを取ります。スタッド・ディールのときのように、手のひらを下にした右手で一番上のカードをつまみます（写真2）。右手を前方に回転させ、そのカードを一番下に戻すと見せますが、実際にはブレイクの中に入れてしまいます（写真3）。

写真2

2．“ダーティー”なことの殆どはこのステップで行います。左手親指で3枚を1枚のように押し出しつつ、それを右手でつまみます（写真4）。観客にはこれは1枚のカードを取ったように見えていなければなりません（写真5）。3枚をピタリと揃えておくには、ステュワート・ゴードン・ターンオーバーに似た動作をするとやりやすいかもしれません。右手を前方に回転させ、この3枚を残りのカードの下に入れて

写真3

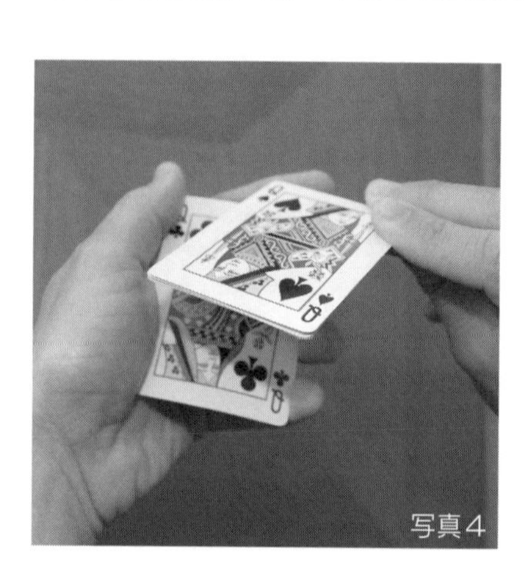
写真4

写真5

ください。角度には気をつけましょう。特に３枚をひっくり返すときに、反対側の面が見えないようにします。これはパケットを観客の目線に対して平行に保つことでやりやすくなるでしょう（写真６）。

写真6

３．スタッド・ディールのスタイルで、次のカードを堂々とめくり、ひっくり返して一番下に入れます。

４．ステップ３を繰り返します。

このカウントの最中、１、２、３、４というリズムを保ってカードをひっくり返すように心掛けてください。いわゆるエルムズレイ・カウントと同様、最初のカードが２回見えることになります。このカウントではひっくり返す動作が、その矛盾をより強力に隠蔽してくれるのです。

本書のトリックの中では、“Palm Reader Plus”（CHAPTER 1）の最後の部分で、このカウントが非常にうまく機能します。テーブルが使えないときにはいつも、フォールディング・カウントの代わりにこのカウントを使っています。

２．OVERTURNED STANYON

オーバーターンド・スタニオンは、４枚のカードそれぞれの表と裏を見せたようにしながら、実際には３枚しか使っていない、というものです。動きは上述のオーバーターンド・エルムズレイに非常によく似たものです。

同じ数字のカード３枚を表向きで、ディーラーズ・グリップで持って始めます。違う色の１枚が表側にくるようにしてください（ここでは例として、表側からハートのクイーン、スペードのクイーン、クラブのクイーンとします）。オーバーターンド・スタニオンは３枚のカードで行いますが、見た目のイメージについては、先のオーバーターンド・エルムズレイで使った写真を再利用して説明します。

１．一番下のカードの上に、左手小指でブレイクを取ります。スタッド・ディールのときのように、手のひらを下にした右手で一番上のカードをつまみます。カードをひっくり返し、一番下に入れるかのように見せてブレイクの中へと入れてしまいます（写真３）。

２．左手親指で２枚を１枚のように押し出しつつ、それを右手でつまみます（写真４）。右手を前方に回転させ、持ったダブル・カードを左手に残ったカードの下に入れます（写真６）。オーバーターンド・エルムズレイの
時と同じく、角度に気をつけてください。

３．スタッド・ディールのときのように、次のカードを堂々とめくり、ひっくり返して一番下に入れます。

４．ステップ３を繰り返します。

１、２、３、４のリズムを保って行ってください。

特にカウントの中で表と裏が示されるという点で、このカウントは非常にディセプティブなものであると気付きました。“Quantum Kings”（CHAPTER ３）のような、カードの消失に絡めると極めてうまく機能します。

NOTES and CREDITS

●エルムズレイ・カウントは『*Collected Works of Alex Elmsley*』, Vol. 1（1991）に載っています。
●エリス・スタニオンのスタニオン・フォールス・カウントは『*M-U-M*』(Number 7, Volume 49, December, 1959）に発表されています。
●ハンドリングは違いますが、J. K. ハートマンのオーバー・カウントも４枚のカードの表と裏を見せたようにしながら、１枚を隠すものです。こちらは『*Card Craft*』（1991）に載っています。
●ステュワート・ゴードン・ターンオーバーは、ラリー・ジェニングスの『*The Cardwright*』（1998）に載っています。

BIDDLELESS°

"Biddleless" は、エルマー・ビドルによるクラシック作品 "Transcendent" で使われるスタンダードなカウント部分、その部分の代替となるトリックです。ではどうして変えたのでしょうか？実はこの "Biddleless" の手順では、従来のビドルのトリックでは出来なかったことを可能にするという特長があるのです。１）観客は５枚全部のカードを同時に見ることが出来る。２）カードはデックのばらばらの場所にあることが分かる。３）最初に示された時点から演者はカードを一切見ない。４）手の中だけで演じられる。５）自然な動作１つだけで、選ばれたカードを気付かれることなくデックに、しかもひっくり返った状態で取り戻すことが出来る。

ジョン･バノンの "Stranger's Gallery" にあるカッティング／セレクション手順のあとでプッシュイン･チェンジを活用することで、選ばれたカードを気付かれずにデックに戻すことが出来ます。このトリックは、アレックス･エルムズレイの "Point of Departure" にも良いアプローチとなるでしょう。

１．THE BIDDLELESS TRICK

Effect：観客が確かに持っていた５枚のカード。ですが驚くべきことに、彼女の選んでいたカードだけが見えない飛行をし、デックの中から見つかるのです。

Setup：特にありません。

Method & Presentation：観客にカードを選ばせるところから始め、一番苦手な方法でトップにコントロールしてください。いや、勿論あなたの一番得意な方法でも構いませんが、それってちょっと退屈じゃないですか？いずれにせよ、コントロールしたら、デックを表向きにひっくり返して、バノンのカッティング手順をやりましょう。

（CHAPTER 4，"Impostor"を参照）。ここではざっくり書きますが、左手に20枚ほどをスイング·カットしたら、右手を返して裏向きのカードを1枚、左手親指で左手パケットの上に引き取り、アウトジョグさせます。2枚目以降はより少ない枚数でカットを行っていき、最終的に5枚の裏向きのカードが、表向きデックのばらばらの位置で突き出た状態になるまでこの手順を繰り返します（写真1）。

写真1

突き出した5枚のカードの表が観客に見えるように、スプレッドを立てます。観客に、この中に選んだカードがあるかを聞いてください（答えは常にYESで、観客から見て一番近いカードですね）。あたかも観客が見やすいように調整する体で、選ばれたカード以外を少しだけアップジョグします。ここでの本当の目的は、次の動作に備えて、選ばれたカードだけを僅かにダウンジョグしておくことです（写真2）。デックを下げつつファンを閉じます。これから突き出た5枚のカードを抜き出すように見せますが、実際には以下のようにして、選ばれたカードを密かにデックに戻してしまいます：左手人差し指を、選ばれたカードの前端に当てます（写真3）。右手親指をデックの後ろ側に当て、前に押し出してください。これにより、選ばれたカードがデックの中に押し込まれて揃うかたちになります。右手の指で、突き出

写真2

写真3

写真4

たカードを右方向に回転させて、抜き取ります（写真4）。私の経験上、デックを一切見ないで行うのが効果的です。観客の注目を右手に集めつつ、デックは何気なく脇にどかすか観客の誰かに渡すなりしてください。

手に持ったパケットで、4枚を5枚に見せるカウントを行いましょう：トップ・カードを左手に引き取ります。次のカードを左手に取る際、そのカードを右手のパケットの下にスティール、そのまま残る3枚をリバース・カウントします。続けて、選ばれたカードを探しているかのようにパケットへと手を伸ばし、どれでもいいので裏向きのまま1枚を抜き出します。残りのカードを表向きにひっくり返してください。裏向きのカードをパケットの真ん中に差しこむように見せますが、実際には一番下に入れてしまいます。ハーフ・パスを行い、ボトム・カードをひっくり返したら、パケットを観客に持ってもらいましょう。

パケットからカードが消失した、ということを示せるのであれば、どんなバイプレイでも構わないのでやってください。私はある観客に両手のひらでパケットを挟んでもらったら、観客をもう4人呼んで、それぞれの方に1枚ずつカードを取り除いていってもらうようにお願いするのが好みです。取り除いてもらった4枚は選ばれたカードではありませんので、観客たちは選ばれたカードがまだ彼女の両手の間にあると思い込みます（カードを挟んでくれている観客自身、選ばれたカードはまだ自分の手の間に残っているのだと本当に“感じて”いてくれるかもしれません）。マジカルな瞬間を演出するに相応しいなにがしかのジェスチャー、例えば指を鳴らすとか、手のひらの間から見えないようにカードを抜き出すふりとかをしてください。カードが消失していることを示したら、デックを持っている観客にカードを広げさせ、選ばれたカードがデックの真ん中でひっくり返っているのを見つけてもらいましょう。

2. NAME THAT TUNE

5枚ではなく4枚で始める“Biddleless”のバリエーションを紹介します。

大体の部分は“Biddleless”の手順と同じですが、以下に説明するのは古いクイズ番組である『Name That Tune』での台詞に沿ったものです。このゲームは、ほんの少しだけイントロ部分を聞くだけで、競技者たちはその曲が何かを当てるというものです。キメ台詞は「その曲、私は最初のn音だけで当ててみせるよ！」みたいな感じです[訳注1]。

先の通り、カードを選ばせトップにコントロールします。「『Name That Tune』って見たことありますか？曲の最初の数音から、その曲が何かを当てられれば勝ち、というやつです。このデックがミュージック・ライブラリー全体を表すとしましょう。私はあなたのカードを見つけ出すことが出来るんですよ……たった4音だけでね」バノンのアウトジョグ部分を4枚だけで行います。4枚のカードを突き出た状態で示し、選んだカードがその中にあることを観客に確認しましょう。4枚を抜き出すように見せつつ、先の方法で実際には3枚だけ抜き取り、選ばれたカードは密かにデックに戻してしまいます。

スタニオン・カウントを使い3枚の裏向きのカードを4枚としてディスプレイします（基本的に3枚を4枚として見せるエルムズレイ・カウント）。ざっと説明します：トップ・カードを左手に取ります。次のカードを取る際に、最初のカードを右手のパケットの下にスティールします。残る2枚を堂々とカウントします。「いやいや、私なら2音だけであなたの曲を当てられますよ」再びスタニオン・カウントを行いますが、2拍目で止めてください。これで両手に2枚ずつカードを持っているように思われている状態です。右手にある2枚を揃え、両手に2枚ずつのパケットを持っているように見せます（写真5）。どちらにしようかと、重さを較べているかのように両手を上げ下げしましょう。右手のカードを表向きに返しつつ、選ばれたカードはこちらには無いであ

写真5

訳注1 日本でいうと、1976年から1988年までフジテレビで放送されていた音楽系クイズ番組『クイズ・ドレミファドン！』、その中のイントロクイズのコーナーに近いです。

ろう旨を言います。その２枚をテーブルに置くなどしてから、左手にある残りの１枚のカードについて、あたかも２枚をピタリと重ねているかのようなトーンで言及しましょう。友人であるスティーヴ・レイノルズからの素敵なサトルティですが、ここでさも２枚のカードを持っているかのように、まずカードの上面を、続いてカードの下面をそれぞれ指差して示すのです。「あなたのカードは、上か、下か、どちらかのはずです。あなたのカード、１音だけで当ててみせましょう。……こっちは選んだカードではないでしょう」

右手の指先をカードの上に置き、前へと押し出します。右手で左手のひらの上を覆い、そこに何も無いことを隠してください（写真6）。左手を下向きに返しつつ左手の指を内向きに曲げ、突き出した表向きのカードを示します。右手でそのカードを抜き取り（写真7）、左手を前に出すようなジェスチャーを行います。このとき左手は、まだ１枚カードを握っているかのように、緩く拳にしたままにします。右手のカードを他の２枚の上に置きます。

写真6

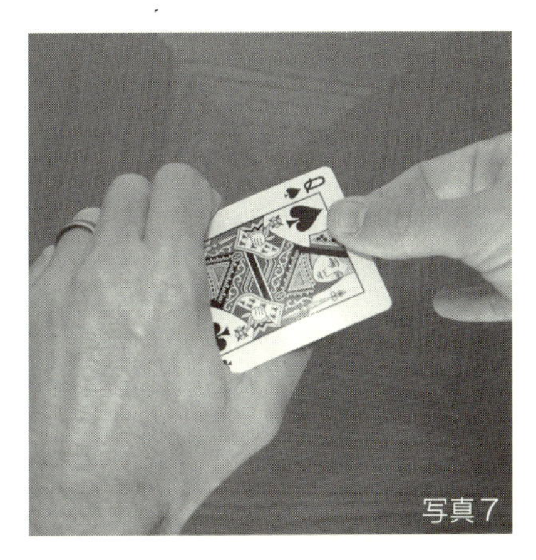
写真7

「つまり、あなたはこのカードを選んだ、ということですね」両手をパシンと打ち合わせ、カードが一瞬で消えてしまったということをドラマティックに示します。私はこんな台詞で終わるのが好きです。「ところで、この曲の名前は？そう、“Hello, Goodbye.”訳注２」

訳注2 ザ・ビートルズの16枚目のシングル曲。1967年発表。

デックを持ってくれている観客にカードを広げてもらいます。真ん中あたりで選ばれたカードがひっくり返っていることでしょう！

3．ONE FOR THE BOYS

選ばれたカードが、突き出たカードの一番観客側にきているということは、友人のマジシャンたちの目にはやや出来過ぎというか、仕組まれた感を与えてしまうかもしれません。そこで私は以下のようなバリエーションを使っています。突き出た５枚のうち、表側から２枚目に選ばれたカードがくるようにするのです。この方法だと、選ばれたカードが離れているため、“スティール”がなお一層ディセプティブなものになるのです。まず選ばれたカードをトップから２枚目にコントロールすることから始めましょう。そこからバノンのカッティング手順を行い、５枚のカードをアウトジョグします。デックをスプレッドし、突き出たカードを以下のようにして調整してください：選ばれたカード（ここではスペードのエース）が演者から見て少し右に傾くようにし、その下のカード（ここではハートのクイーン）を左に傾けるのです（写真８）。

写真８

スプレッドを閉じつつ、左手人差し指を選ばれたカードの上の右隅近くにしておいてください。

ここから２つのことが起こります。１）選ばれたカードの下のカード（ここではハートのクイーン）を左へと押す。２）選ばれたカードより上の３枚はカバーにするため、少しだけ広げたままにしておく。そうしたら右手で５枚全部を抜き取ったように見せますが、その最中に選ばれたカードは左手人差し指で密かに押し込んでしまいましょう（写真9）。これはちょっとコツが要りますが、やってみる価値のあるものです。

写真9

NOTES and CREDITS

●ビドル・ムーブはエルマー・ビドルによって作られたもので、『*Genii*』（Vol. 11, No. 8, April, 1947）に、“Transcendent”のタイトルで記載があります。

●“Point of Departure”は『*The Collected Works of Alex Elmsley*』, Vol. 2（1994）に載っています。

●カットしながら4枚のカードをデックのばらばらの場所から抜き出したように見せる方法は、ジョン・バノンの“Stranger's Gallery”（『*Smoke and Mirrors*』, 1991）に載っています。

●プッシュイン・チェンジ（Push-In Change）はヒューガードとブラウエの『*Expert Card Technique*』（1940）に載っています。

●スティーヴ・レイノルズの作品“Un-Signed Card”で、1枚のカードの上と下を指差すことで、あたかも2枚のように見せるというサトルティがあり、これは彼の本『*Route 52*』（2010）に載っています。

●“Biddleless”を演じる中で、「機会を作ってグリンプスを加えたらどうだろうか」と考える人もいらっしゃるかもしれませんね。それを利用すれば、カードを消す直前にカードをミスコールすることも出来ます。

DUPLEX CHANGE°

デュプレックス·チェンジは、カード1枚(もしくは複数枚)を、密かに別のパケットの上に置いてくる、という技法で、ロン·ウィルソンの“Highland Hop”をルーツに持つものです。そういった技法としては、例えばジョン·バノンのSWAK (Swindled With A Kiss) などがあります。この手の“カードを置いてくる”という技法は大抵、目当ての山にカードを加えることで、その山に何らかの変化を起こす、というのが目的になります。ですがデュプレックス·チェンジは、カードを目標の場所に加えてくるのが目的ではなく、むしろ持っている方のカードに変化を起こすのがその意図になります。これを使えば、堂々と指先に持っている2枚のカードが、全く別の2枚のカードへと変わってしまう、なんてことが可能になるのです。

友人のマジシャン、アンドリュー·ヒッバードが、2枚のジョーカーを2枚の選ばれたカードに変えてしまう案を示してくれたのを契機に、私はデュプレックス·チェンジを進化させてきました。彼はフラシュトレーション·カウントを、変化の直前に行うという素敵なタッチで演じていますが、その変化前にカードが特段の理由もなく、しかもあからさまにデックへ近づいてしまうのです。その部分が私にデュプレックス·チェンジの閃きを与えてくれました。これは見た目上、デックとの接触が一切無いままに、2枚のカードが変わってしまうものです。結果として幾つもの活用法が考えられる技法が生まれました。

デュプレックス·チェンジは以下の特性を含んでいます：

- 2枚のカードは広げた状態で保持されるので、カードを捨てるのに極めて大きなカバーがある
- カードがエンド·グリップで保持されているため、右手の甲によって自然に視線を遮ることが出来、捨てる動作をより強力にカバー可能
- カードを捨てる前でも捨てた後でも、観客にはカードが2枚とも指先に保持

されているようにしか見えないので、トリックが始まったと思われる前に、全ての仕事は完了しているという、大変素敵な状況を作り出すことが出来る
● 2枚の変化が示される正にその直前、観客は2枚のジョーカーの表の面を(フラシュトレーション・カウントによってではあるものの)それぞれ見ることが出来る
● カードのチェンジは片手で保持されている間に起こる。つまり手と手が接触しないので、ディセプティブさをより強めることが出来る

Performing the Duplex Change
――デュプレックス・チェンジをやってみよう

これからデュプレックス・チェンジの仕組みについて、概略を説明しましょう。そのあとで、3つの現象を使って実用例をお見せします。ここから先は、裏向きの3枚のカード(2枚だと思われている)を持って読み進めてください。カードは上から順に2枚の赤いエース、ジョーカーです。

写真1

これから、フラシュトレーション・カウントを行うことで、2枚のジョーカーを見せたようにします。カードをエンド・グリップに持ち、右手首を回転させてジョーカーを示します。手首を返してトップ・カードを左手に引き取ります。再び右手首を回転させて"2枚目の"ジョーカーを見せてください。ダブル・カードを左手のカードの下に入れますが、2.5cmほど右にサイドジョグした状態にします(写真1)。同時に、右手親指でボトムのカードの上にブレイクを取ります(写真2)。左手もカードに添えて助けとしつつ、右手でのブレイクを作る動きを最小にしてください。裏向きの2枚のカードしか持って

写真2

いないように見えるかたちで保持します。右手をデックの上（デックはテーブル上でも左手にあっても構いません）に持ってきたら、ブレイクより下のカードを密かに離して置いてきてしまうのです（写真3）。2枚のカードが広がっていることと、右手が作る“シールド”が、カードを置いてくる動作をいかに強力にカバーしてくれるのか、お分かり頂けるでしょう。

写真3

観客の観点からは、何も変わっていないのです。彼らは2枚のジョーカーの表を見て、そしてまだ2枚のカードの裏面を見ています。カードを落としてきた事実は、持ったカードの見た目や彼らの知覚に、何の影響も与えていません。ゆっくりと2枚のカードをひっくり返し、2枚のジョーカーだったものが2枚の赤いエースに変わってしまっていることを示しましょう。演技の際には、このカードを置いてくる動作は、違った文脈や別のカバーによってなされることになります。上述したものは、単にカードを置いてくる動作がどう起こるかを解説したに過ぎません。

さて、仕組みを理解して頂いたところで、デュプレックス・チェンジを活用した3つのトリックを紹介します。“Whispering Jokers”はテーブル・スプレッドを捨て先として行うもの、“Upstanding Change”は完全に手の中だけで行うもの、そして“Boxed Transpo”はデイリー風のバリエーションですが、カードを4枚だけと、カードの箱を活用したものです。

1．WHISPERING JOKERS：Using a tabled spread

Effect：2枚のカードが選ばれ、デックの中に埋もれてしまいます。2枚のジョーカーを抜き出し、それをスプレッドしたカードの上で揺らしますが、一瞬で2枚の選ばれたカードへと変わってしまうのです。

Setup：2枚のジョーカーをカルして、デックのトップとボトムに持ってきます。全く同じジョーカーを使うのがベストですが、絶対そうでなければいけないというわけでもありません。それからテーブルが必要です。

Method & Presentation：カードを２枚選ばせます。これから、J. K. ハートマンのブラフ·コントロール、その私のバリエーションを使って２枚をコントロールすることにしましょう。カードを憶えてもらったら、デックのボトム３枚の上にブレイクを取ります。デックをスイング·カットして半分を左手に取り、その上に選んでもらったカード２枚を返してもらいます。右手のパケットを一瞬だけ左手パケットの上に持ってきますが、このとき密かにブレイクより下の３枚を落として加えてきてしまいましょう（写真４）。すぐに、何か思いついたかのように右手を上げてください（私はいつもこう言っています。「２枚とも同じ場所に戻すのは止しましょう……離しておきましょうかね」）。

写真４

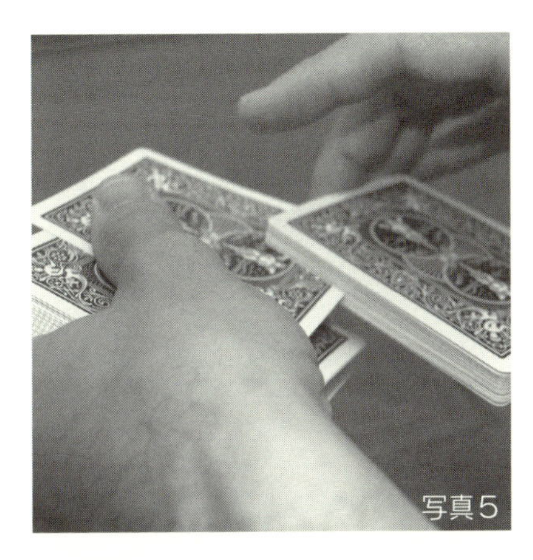
写真５

左手親指で左手パケットのトップ·カードを押し出し、右手パケットの真ん中あたりに差し込み、突き出したままにしておきます（写真５）。同じ動きで、左手親指で次のカードを右手パケットのトップに、アウトジョグした状態で置きますが、右手の人差し指でカードを所定の位置に保持しておきます（写真６）。左手のパケットを、右手パケットの上に揃えて置き、先ほどの２枚のカードは突き出たままにしておきます（写真７）。

写真６

写真7

写真8

写真9

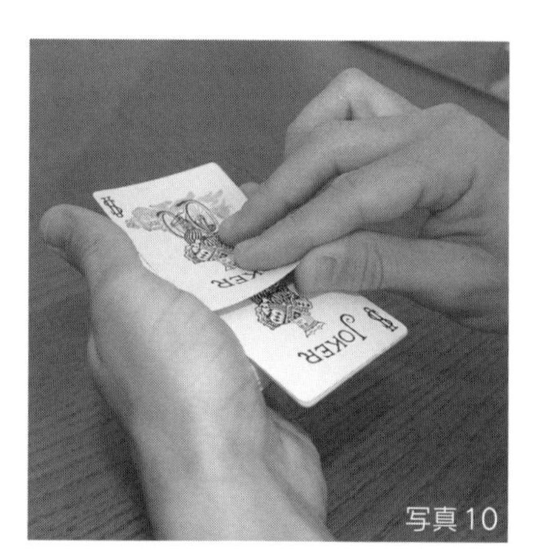
写真10

いま、２枚のカードが突き出た状態でまとめ直したデックを持っていて、観客はその２枚が選ばれたカードであると信じています。実際には選ばれた２枚は、２枚のジョーカーにサンドイッチされた状態でトップにありますね。

突き出たカードを公明正大にデックに押し込んで揃え、どこにいったか分からなくします。そうしたら、ジョーカーを呼び出すかのごとく、指を鳴らしましょう。トップのジョーカーを見せ（写真８）、そのまま続けてヒット・メソッドでトリプル・リフトを行い２枚目のジョーカーを示します（写真９）。シングルのジョーカーを、トリプルの上に少しだけアウトジョグして置きます（これにより、トリプルの厚みを隠すことが出来ます）（写真10）。そうしたら４枚をまるご

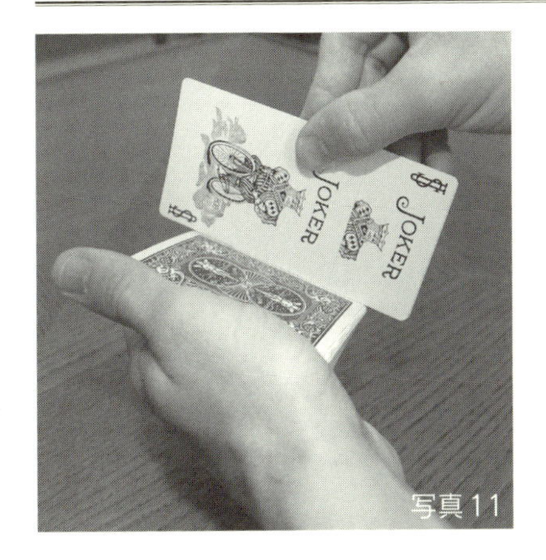

写真11

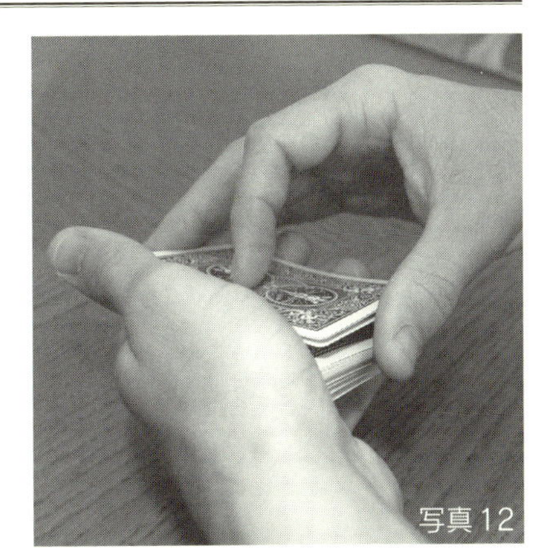
写真12

と裏向きにひっくり返してください（写真11）。カードが少し乱れていますので、それらを揃えるということで動作の理由付けが出来ます（写真12）。２枚のジョーカーであるかのように見せつつ、３枚のカードをひとかたまりでエンド・グリップで取り上げます（写真13）。

写真13

左手で、カードを右から左へ弧を描くようにスプレッドを始めます。続けて、フラシュトレーション・カウントで“２枚のジョーカー”を見せ、そのまま先に説明したようにしてデュプレックス・チェンジを行います。つまりこれから、ブレイクより下のカードを、スプレッドの左端の上に密かに置いてくるのです。まずは持ったカードをスプレッドの上で右から左へずーっと移動させていき

写真14

ます（写真14）。右手がテーブルにスプレッドしたカードのちょうど左端にきたところで密かにジョーカーを落としてきてください（写真15）。そのまま動きを続け、また右方向へ戻っていくのです（ここでは、往路のときより少しだけ高めの位置で）。

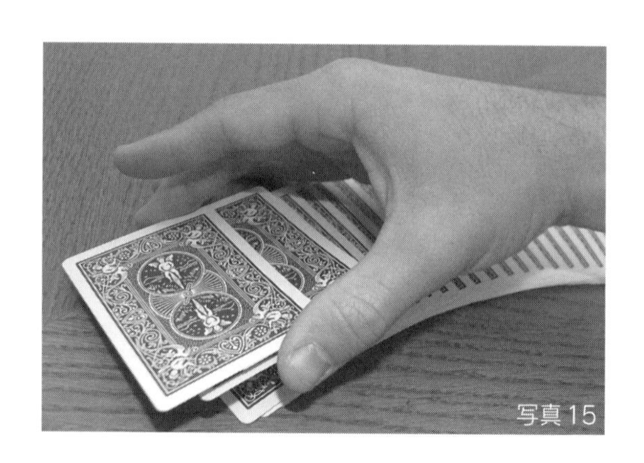
写真15

“２枚のジョーカー”を耳元で持ち、あたかもその２枚が演者に何か囁いているように見せます。２枚のカードをグリンプスするという選択肢もありますので、それらのカードが何なのかを言うことは可能です。ですが私は普段は見ません。「ジョーカーたちは何だかおかしなことを言っていました。信じてもらえないでしょうけど」数拍おいて、ゆっくりとカードをひっくり返して、選ばれたカードである２枚に変わってしまったことを示して終えています。

２．UPSTANDING CHANGE：Standing room only

Effect：２枚のカードが選ばれデックの中に埋もれてしまいます。２枚のジョーカーを抜き出しますが、一瞬で２枚の選ばれたカードへと変わってしまうのです。

このバリエーションでは、デュプレックス·チェンジをするのにテーブルは必要ありません。これはタイミングを見極めることとミスディレクションの良い練習になりますよ。

Setup：セットアップは“Whispering Jokers”と同じ、ジョーカーをデックのトップとボトムに１枚ずつ、です。

Method & Presentation：カードを２枚選ばせ、“Whispering Jokers” のときと同じようにコントロールします。デックをテーブルにスプレッドするところになったら、そのまま左手に持っていてください。フラシュトレーション・カウントを使って、右手に２枚のジョーカーがあるように見せたあと、カードの位置を調整して、落とすための準備をしておきます。そうしたら右側にいる観客に、デックを持っていてもらうように頼みます。相手の目を見ながら、デックを持った左手を右方向、右手の下へと伸ばしていきます。左手の斜めの動線が、いかに自然な動きで一瞬だけ右手のカードと重なるかお分かりになるでしょう（写真16）。左手は動きを続け、右手はその上へとカードを密かに落とします（写真17）。そのまま左手を下向きに返しつつ、観客の手のひらの上にデックを表向きにして置きます（写真18）。この動作の最中、右手はひとところに留めておいてください。

写真16

写真17

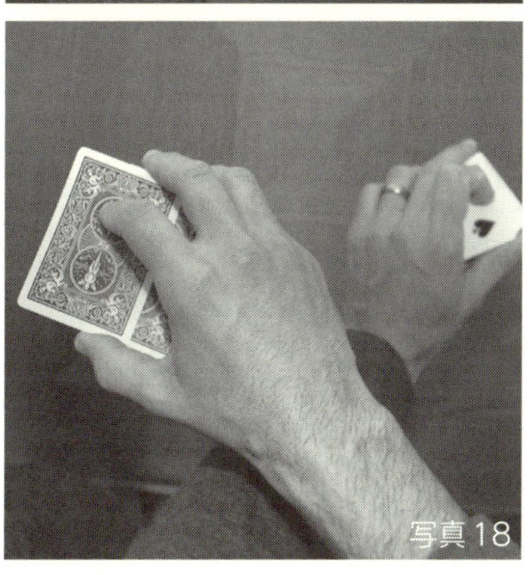
写真18

２枚のジョーカーと思われていますが、実際に持っているのは選ばれたカード２枚です。私は１枚ずつ両手に持ち、変わる前にこの２枚がジョーカーであるとミスコールするのが好きです。その２枚のカードを観客に渡すことで、２枚のジョーカーがトップにあるデックを返してもらう理由付けも出来ましたね。

３．BOXED TRANSPO：Using just four cards

Effect：２枚のカードが選ばれ、テーブルの上に置かれます。２枚のジョーカーはカードの箱の中によけておきます。ですがこれら２枚の位置が換わってしまうのです。

４枚という必要最小限のカードのみで構成されたバージョンです。デュプレックス･チェンジとカードの箱とを使うことで、非常にクリーンかつ不可解な位置交換現象を起こすことが出来ます。

Setup：カードを４枚だけと、カードの箱が必要です。カードは２枚のジョーカーと（同一のものがベター）、適当なものを２枚（ここでは２枚の赤いエースとしましょう）を使います。最適な角度は、観客が演者の真正面及び少しだけ右方にいる状態です。

写真19

写真20

Method & Presentation：ジョーカー２枚が表側にくるようにして、４枚のカードを表向きで持ちます。カードを示す中で、２枚目のジョーカーを３枚目に移してしまいましょう。以下のように行います：２枚のジョーカーを右手に取ります。左手親指で左手パケットの上のカードを内側に動かし、同時に右手親指は上側のカードを前の方に動かします。２枚のジョーカーを元通りパケットの上側に戻すように見せますが、実際には密かに下側のジョーカーを左手の２枚の間に差し入れてしまいます（写真19）。パケットのサイドと前端を揃えますが、下側にあるジョーカーだけはインジョグした状態にします。こうすることで、ジョーカーが２枚ともまだ表側にあるように見えるのです（写真20）。パケットを完全に揃え、裏向きにひっくり返してください。並びはいま、赤いエース、ジョーカー、赤いエース、ジョーカーになっていますね。

写真21

これから、選ばれた2枚をダミコ・スプレッドでトップにあるように見せます。以下のようにしてください。3枚を左手親指でブロック・プッシュオフ、手のひらを下にした右手でその右辺をつまみます（写真21）。右手を手のひらが上を向くように返し、右手親指で2枚のカードを揃えたまま左方向に押し出していってください（写真22）。左手親指でダブル・カードを挟み、残った1枚のエースを少しアウトジョグするようにしてその上にのせます（写真23）。

写真22

写真23

選ばれたカードが不揃いな状態で、3枚のカードを裏向きにひっくり返します。カードを揃える動きで、右手でカードを1枚だけ（ジョーカーです）持ち上げてください。2枚のカードであるかのように、演者の真正面にそっと置きます（写真24）。

写真24

これから、観客が2枚のジョーカーだと思っているカードを示しますが、もうお馴染み、DuplexChangeの手順を始めましょう（フラシュトレーション・カウント→ダブルを下に入れて→ボトムの上にブレイクを取る）。続く幾つかの動作のタイミングは非常に重要です。カードの箱を取り上げるのに、左手を斜め前に伸ばしていきます。同時に、ブレイク下のカードを、先にテーブルに置いたカードの上に直接置いてくるのです（写真25）。幾つかコツを。まずは箱に注目すること。カードを置いてくる動作の間、周辺視野を意識的に使い、テーブル上のカードの場所を見失わないようにします。角度にも気をつけてください。観客への最適なアングルは、あなたから見て1時方向の位置です。カードを置いたら、2枚のカードを持ったまますぐに箱の方へと動かしましょう。どう見てもジョーカーな2枚、それをカードの箱の中に入れます（写真26）。表側がちらりと覗いてしまわないように注意してください。

写真25

写真26

仕事は完了です。残るは2枚の位置

交換だけですね。テーブルに置いたカードを取り上げて、それらを２枚の選ばれたカードであるかのようにミスコールしてください。私はスルー・ザ・フィスト・フラリッシュで、２枚のジョーカーに変わってしまった、というように示すのが好きです。注目は自然とカードの箱に集まるでしょう。観客に頼んで箱を開けさせ、中から２枚の選ばれたカードを取り出してもらって終わります。

NOTES and CREDITS

●ロン・ウィルソンの“Highland Hop”は、リチャード・カウフマンの『*The Uncanny Scott*』(1987) に載っています (『ロン・ウィルソン プロフェッショナルマジック』(東京堂出版、2011年、p.24) 参照)。

●ジョン・バノンのトリック“Directed Verdict”では、SWAK (Swindled With A Kiss) と呼ばれる便利なムーブを活用しています。『*Smoke and Mirrors*』(1991) をご参照ください。

●ダミコ・スプレッドはマーローとダミコの本、『*Classical Foursome*』(1956) に載っています。

●私が使っているダブル・カードのコントロール法は、J. K. ハートマンのブラフ・コントロール、そのセカンド・バリエーションで、彼自身は１枚のカードのコントロールに使っていました。元々『*Means & Ends*』(1973) で発表され、後に『*Card Craft*』(1991) にも載りました。私はこれを、２枚の選ばれたカードを２枚のジョーカーの間にコントロールするのに使っていますが、他のトリックでも、２枚をトップへとコントロールするのに使うことが可能です。その場合、ボトムの３枚の上ではなく２枚の上にブレイクを取って始めましょう。

ESSAY

Serendipity*

全てのマジックのトリックは“魔法的な瞬間”を含んでいなければならないのでしょうか？現象の結果が（自然界のルールに反するような）魔法でなく、現実の世界で起こり得るような程度のものであっても、それでもなお、魔法と同じくらい強力なものたり得ないでしょうか。こういったアプローチは新しいものでもありませんし、様々なクラシック・トリック、“Out of This World”や、メンタルマジックなどの“偶然の一致”系トリックの中でも見かけるものです。しかしこのアイディアを、普段は“偶然”として演出されないようなトリック、例えば“Triumph”のようなものに適用してみる、というのは中々面白そうだとは思いませんか？

もし“Triumph”を演者によるマジックとしてではなく、観客による、不可能に近いワザとして演出されたらどうでしょう。想像してみてください、絶望的なまでに混ぜに混ぜられたカード、それを観客に手渡すのです。彼らはデックを背中に回します。見えない状態で彼らは自由にカードをひっくり返したりして、好きなところで止めます。デックを再び出してきてテーブルにスプレッドすると、トリックの最初に彼らが言ったカード１枚を除いて全てが表向きに揃っているのです。確かに、観客がどういうわけか偶然（確率に反して）デックを完全な状態に揃えてしまう、ということも、絶対にありえない話ではありません。しかし、それはどうにも信じ難いことです。

マジックにおける「これは凄い！」という瞬間は、必ずしもマジシャンの

---

* セレンディピティ：別のものを探しているときに、偶然に素晴らしい幸運に巡り合ったり、素晴らしいものを発見したりすることの出来る、その人の持つ才能のこと。イギリスの作家ホレス・ウォルポール（Horace Walpole）が1754年の書簡で使った造語。次々に予期せぬ発見をする『The Three Princes of Serendip』（セレンディップの３人の王子）というペルシャの童話が語源とされています。なおセレンディップとは現在のスリランカのことです。

技術や不可能現象によってのみ強調されるのではありません。むしろ、「確率的にはまずありえない」と思えるようなことの中にもしばしば見出されるものです。上述のアプローチはそのようなことを思い出させてくれるでしょう。これらの瞬間では、怪しい手つきでおまじないをかけたりしません。むしろ、出来る限り手が離れるようにし、結末に対しては演者も一緒になって驚きを見せるべきでしょう。私たちは、観客たちの素晴らしい体験を引き起こすための、単なる触媒なのです。

あり得ないような偶然の一致を意図的に引き起こすことで、不思議というものはあなたの手から観客たちの手へと移るのです。観客たちは、この殆ど不可能なことを成し遂げたことについて、自分たちがいかにしてそれぞれのなすべき役割を果たしたか、ということをめいめい口にしながらお帰りになるでしょう。より重要なのは、それがどんなに低い確率であったとしても“実際に起こり得る”と思ってもらうこと、そしてお客様たちが“こんなことってあるもんなんだなあ”という、楽しい気持ちで帰ってくれることです。続く“Behind-the-Back Triumph”は、そんなトリックのひとつです。その単純さに騙されないでください。非常に大きな驚きのリアクションが得られますよ！

CHAPTER 6 SIX

TRI-UMPH !

- Behind-the-Back Triumph
- Ballet Stunner
- More on the Ballet Cut

このチャプターでは “Triumph” のプロットを扱います。
最初のは非常識なほど簡単ですが力強いバージョンで、
観客の手によってなされます。
“Ballet Stunner” はポール・ハリスの “Color Stunner” に
決定的に新しい特徴的な要素を加えるものです。
バレイ・カットについての詳細な解説も含んでいますよ。

BEHIND-THE-BACK TRIUMPH°

Effect：カードを表裏ごちゃごちゃにシャッフルし、更に観客が自分の背中側にカードを回して、めちゃくちゃに混ぜてしまいます。ですがデックがスプレッドされると、カードは全て綺麗に表向きで揃っているのです。ただ１枚、観客が先ほど自由に名前を言っていたカードだけを除いて。

このトリックはマジックのトリックのようには演じず、もっと“偶然起こった驚くべきこと”のように演じます。カードは魔法によって元に戻るのではありません。むしろ観客自身が、一連のランダムなカットを通じ、このごちゃごちゃになったデックを、どうしたことか、シャッフルされていない状態に戻してしまうのです。「へえ！不思議だね。一体どうやったんだい？」というより、「これ、私がやったんだよな……？でも一体どうやって……？」のような。完成したのはクラシックの、とても私らしくて力強いバリエーションです。私は昨年、マジックのコンベンションの最中、オクラホマの賑わっているレストランでこれを演じました。私がごちゃ混ぜになったデックをウェイターに手渡し、背中の後ろで更に表裏ごちゃ混ぜにしてほしいと頼んだら、待機中のスタッフがみんな寄ってきました。カードをスプレッドし、全て表向きに揃っていたのが分かった瞬間、絶叫が上がりました。そして、１枚だけ裏向きになったカード、これは一体どういう意味を持つのか。観衆は、この直後どうなってしまうかに集中し、場が静かになります。彼がカードをめくり、それが先ほど自由に言ったカードであることが分かった瞬間、みんなもう大騒ぎでした。“Triumph”を数千回……とまではいかなくても数百回は演じてきてきましたが、こんなシンプルなバージョンのもので、こんなにも物凄い反応を得たことはかつてなく、私はずっと心中のニヤニヤが止まりませんでした。この大盛り上がりの理由はなにか、それは“観客がカードを全てコントロールしたからだ”と私は気付いたのです。マジックでカードの並びが戻ったのではなく、観客の行為によって、この極めて素晴らしい結果が成し遂げられたのです。

Setup：特にありません。

Method & Presentation：観客に、何か好きなカードを１枚言ってもらいます。これは無頓着に、単にちょっと興味がてら聞いただけ、のようなかたちです。私は普段、「(ハートのエースですか、) 皆さんよく言われるカードなんですよ」、ないしは「(クラブの３ですか、) これはまた珍しいカードを選ばれますね」、のようにして言及するようにしています。デックを何気なく表向きで広げ、言われたカードをトップへとカルします。「このカードは大変よく混ざっています。が、もっともっと混ぜてしまいましょう。ムダにね」デックを裏向きにひっくり返します。これからオーバーハンド・シャッフルを使って、言われたカードをトップからボトムへと移します。シャッフルの最初だけ、１枚左手に引き取ることだけ注意しておけば大丈夫です。

「カードをシャッフルするというのは、それこそ色々な方法があります。オーバーハンド・シャッフルは一番普通の方法のひとつですね。ですが、私が見た中で最も奇妙なものは、表向きと裏向きで混ぜてしまうやつでした。こんな風に。こうやって混ぜてしまう人には３つのタイプがあります。子供でしょ、酔っぱらいでしょ、それから……酔っ払った子供」シド・ロレインのスロップ・シャッフルを行いますが、ボトム２枚が裏向きでデック上半分（表向き）の上にのり、その下にデック半分（裏向き）がくるようにしてください（写真１）。私は揃える前に、不揃いな状態でディスプレイして見せるのが好みです。デックを揃え、真ん中のナチュラル・ブレイクから上を持ち上げます。これを行うのにベストな手法は、まずデックをエンド・グリップで持って、非常に軽い力でデックを

写真１

写真２

下方向に軽くトスすることです。こうすることで、待ち構えた左手の中に、デックの下半分が落ちることになります（写真２）。堂々と左手に持ったカードを表向きにし、右手のカードと噛み合わせますが、このとき右手のトップ２枚の位置は変わらないように注意します（写真３）。カードを噛み合わせることで、いかに表向き裏向きにごちゃ混ぜになったように感じさせているかに注目ください。実際にはトップの２枚以外は全部表向きになっています。

写真3

ダブル・アンダーカットでトップのカードをボトムに回し、デック全体をひっくり返します。デックを観客に渡しますが、このときデックのポジション（表向きのカード、裏向きのデック、表向きの選ばれたカード）が崩されないように注意してください。観客に、背中の後ろかテーブルの下でデックを持ってくれるよう指示します。

「いま、表も裏も完全にごちゃ混ぜになったデックを持っていますね。これを更に、これから説明する方法で、よりごちゃごちゃに混ぜてほしいのです」これから、３回ないし４回、バルドゥッチの“カット・ディーパー”をやってもらうように説明するのですが、以下のように言います。「ほんの何枚かだけカードを持ち上げてください。それをひっくり返してデックの一番上に戻してください。さて、次にデックの半分くらいを持ち上げて、ひっくり返してまた一番上に。今度は半分より多く持ち上げて、ひっくり返して戻します。もしもう１回やりたければどうぞご自由に。やるのでしたら殆ど全部のカードを持ち上げ、ひっくり返し、そして一番上にのせてください。あ、ちなみにやったかどうかは言わなくて構いませんよ」この４回目のオプションは実にうまいこと観客の想定を狂わせてくれます。あとで「あなた（観客）は、いつでもこの操作をやめることが出来ましたよね」と言うことも出来ます。

「ここまでで、カードはもうグッチャグチャになってしまっているはずですね。いま一番上にきているカードが表向きか、それとも裏向きか、賭けてください」

観客にデックを前へと出してもらい、演者は手を伸ばしてそれを受け取ります。ちなみに、トップ・カードは常に表向きになっているのですが、彼らが知るすべはありません。「おお、当たっていましたね」とヨイショするでもしないでも構いませんが、「トップ・カードが表裏どちらかを知るのは不可能だった」ということを念押しします。

バルドゥッチ・カットの性質上、デックは常に以下のような並びになっています：表向きカードの一群、裏向きカードの一群、表向きの選ばれたカード。表向きカードの一群の次、デックの真ん中あたりにナチュラル・ブレイクがあるのが触って分かると思います。デックの左側面をつまむことで、うまいこと右側面の境目が広がります。一旦ブレイクを取れたら、それより下のカードをハーフ・パスでひっくり返してください。デックをテーブル、もしくは観客の手に置きます。あなたの仕事は完了しました。

「表裏が混ざった状態のデックで始めて、それから更にあなた自身の手でカットしたりひっくり返したりしてもらいました。それから、最後にあなたがもう１回カットしたりひっくり返したかは私には分かりません。どんな風にカードがひっくり返っているかなど、知るすべは誰にもありませんでした。では見てみましょうか」カードがどんな状態になっているのかなど、知らないかのように、ゆっくりとカードを広げていきます。私はこのとき、いわゆる普通のリボン・スプレッドで広げることはせず、むしろ一番上からゆっくりと、軽く叩いて横に落としていくようにしています。繰り返しになりますが、どうなっているのか全く予想がつかない、といった体でやるのがコツです。類型のトリックで最後にやる、ドラマティックなスプレッドとは意味が大きく違うのです。

驚きながら、全部のカードが表向きに、いや、ただ１枚以外が表向きになっていることを言います。最後に、「これは……混沌から秩序へと、紛れもないですね。なんとまあ、全部のカードの向きを揃えてしまうなんて。しかも見もしないで。おっと、１枚ミスしてしまったようですね。……ミス？いや、まさか？……序盤に、何かカードの名前を言ってもらいましたよね。もう一度言ってもらえますか？」

観客に、そのカードを表向きにしてもらいます。彼には高らかかつ盛大に(triumphant) みんなからの拍手を！

OUT IN THE OPEN：A variation with the cards in view

カードを観客の背中に回してもらう代わりに、トリック全体を見えるところでやることも出来ます。先に記載したのと全く同じハンドリングを行いますが、ただ３回のバルドゥッチ・カットが私たちみんなから見えるところで行われる、というところだけが違います。一連の手続きが見えるところで行われてなお、これは非常にディセプティブです。カットされる度に違ったカードが見えますし、デックの表も裏もごちゃまぜな見た目が繰り返されますから。いま解説したやり方の通り、観客にデックを手渡すところまで行いますが、そこから（後ろに回させないで）見えるように持っていてもらうだけです。

「これから、カードをカットして、ひっくり返す、というのを３回やってもらいたいんですよ。で、その３度目のカットまでに、あなたは自分のカードを見つけることが出来るでしょう！」これは実に大胆な台詞です。先に書いた通り、観客に、カードのかたまりを３回カットしてはひっくり返し、やる度に深く、というのを説明し、実際にやってもらいます。カットされる度、トップ・カードに注目を集めましょう（毎回違ったカードが見えます）。３回目のカットが終わったら、高らかに観客が自分のカードを見つけた、と宣言します。勿論、トップで表向きになっているのは観客のカードではありません。一見トリックが失敗したかのように映りますが、演者は約束をきっちり果たします。“マジシャンまさかの大ピンチ”という瞬間を演者のアドバンテージとして利用し、それをミスディレクションにして、デックの中で背中合わせになっているところから下を密かにひっくり返します。ゆっくりとカードを広げていき、ただ１枚を除いて全て表向きに揃っていることを示しましょう。「私、言いましたよね。３回カットをしてもらう間に、自分のカードを見つけてください、って。で、何が何やらまるで分かりませんが、あなたはどうにかしてデック全部を混ざっていない状態に戻してくれたみたいです。１枚を除いて」彼に裏向きのカードをめくらせ、それが彼の言ったカードであることをみんなに示します。これは単にあなたの言ったことに合致するのみならず、観客の予想をも超えるものなのです。

NOTES and CREDITS

●ダイ・ヴァーノンのクラシックである“Triumph”は、『*Stars of Magic*』（Series 2, No. 1, 1948）に載っています。ただ、表裏ごちゃ混ぜにしたデックが元通りになる、というアイディア自体はもっと古いものです。チャールズ・T・ジョーダンが『*Thirty Card Mysteries*』（1919）で発表した“The Alternate Reverse”

が、ギミックを使わないおそらく最初の発表物です。

●シド・ロレインのスロップ・シャッフルは、『*Subtle Problems You Will Do*』(1937) に載っています。

●エド・バルドゥッチのカット・ディーパー・フォース (バルドゥッチ・カットとして知られていますね) は、『*Hugard's Magic Monthly*』, Vol. 14, No. 6 (November 1956) で、エド・バルドゥッチとケン・クレンツェルによる "The All Fair Coincidence" に記載があります。

●スティーヴ・レイノルズが、自身の『S.R.O.』レクチャー・ノート、および『*The Linking Ring*』誌2007年5月の彼の個人特集号にて、"Spectator Triumphs" というトリックでバルドゥッチ・カットを使っています。

BALLET STUNNER°

Effect：デックを表裏ごちゃ混ぜにして始めますが、1）デックは選ばれたカード１枚を除いてごちゃごちゃが元通りになる。２）空中に放り上げられたデックの色が変わる。３）選ばれたカードの色も変わってしまう。

私が初めて買ったマジックのビデオ・テープは、ポール・ハリスの『*Adventures In Close-up*』(1983) で、"Color Stunner" を初めて見たのもこのビデオででした。時は流れ、バレイ・カットを作ったあとで、私はこれを "Color Stunner" と組み合わせることで、２つの良さを付加することが出来ると気付きました。驚くほど視覚的なカラー・チェンジ、そして選ばれたカードの裏面のデザインを変えてしまうことが可能な感知出来ないスイッチ、この２点です。

デヴィット・ウィリアムソンにも同様に、ハリスのトリックのバリエーションである "Funner Color Stunner" という作品があります。2009年のMAGIC Liveにおいて、私はデヴィットに "Ballet Stunner" を見せる幸運に恵まれました。その彼が、「自分のバージョンを演じるとき、今後ラストのパートでは君のバレイ・カットを使い始めなくちゃならないようだね」と言ってくれて、それはもう大変ハイな気分になったものです。

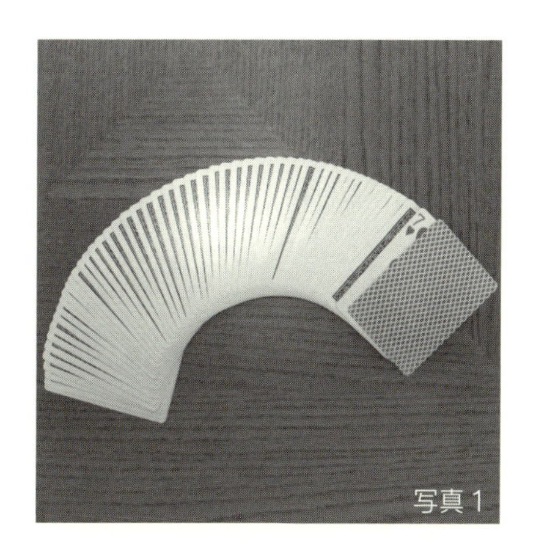
写真１

Setup：どれでもいいのでカードを１枚（ここではハートの７とします)、赤いデックのトップに表向きでのせます。これはあとでフォースするカードになります。同じカードを青のデックから抜き出し、裏向きでトップにのせます。(写真１、このではわかりやすくするために縁の無いカードを使っていますが、実際の演技では白い縁のあるものを使います）全部まとめて青いカードの箱に入れておきます。

写真2

Method & Presentation：デックを箱から出し、表向きのままシャッフルをしますが、トップ２枚の位置は変わらないようにします。このシャッフルの間、自然なタイミングで何度か青裏であることをチラチラ見せます。デックを表向きのエンド・グリップで持ち、一番下のカードの上にブレイクを取ります。スイング・カットを行い、ブレイクがちょうどデックの真ん中にくるようにしてください。「カードをこうやって左手に落としていきますので、好きなタイミングでストップと仰ってください」と言い、ドリブル・フォースを行います。ハートの７が左手パケットの一番上になりましたね。「結構です。皆さん、ハートの７です。憶えておいてください」ここで、私はマイク・ロジャースのアラウンド・ザ・ワールドというちょっとしたフラリッシュをやるのが好きです。これは選ばれたカードを、左手のパケットの周りをぐるりと一回転させるもので、視覚的なおしゃれ感を付与するだけでなく、カードの裏面を示すサトルティにより、デック全体が“青っぽい”感を強めてくれるのです。まず左手親指を一番上のカードの表面に置きます。そのまま左方向に引っ張ってきて、デックの左側のエッジを軸に下側を通るよ

写真3

写真4

うにぐるっと回転させます（写真2）。その動きを左手人差し指で引き継いで、デックの下を移動させます（写真3）。そうしたら右側のエッジをぐるりと回して上に持ってきます（写真4）。デックの周りをカードがふわっと浮いて回った感じで見せてください。

フラリッシュのあと、選ばれたカードを少しだけインジョグし、デックを揃え直してインジョグ・カードから持ち上げてカットします。選ばれたカードが表向きデックの一番下にくるようにカットしてください（最初と同じ配置です）。選ばれたカードをハーフ・パスでひっくり返し、それが真ん中になるようにもう一度デックをカットしましょう。「シャッフルには沢山の方法があります。デックを何度かカットしてもいいですし、他にも全然普通じゃない方法、例えば表と裏を混ぜてしまう、なんてのもあります。こんな風に」デックの真ん中あたりの表の面同士のナチュラル・ブレイクを感じたら、そこを内端から軽く持ち上げます。下側半分にもう１枚カード（選ばれた青裏のカード）を加えてください（写真5）。これからテンカイ・ターンオーバーの素晴らしい代案であるカーライル・パドル・ムーブを使い、あたかもデックの半分を裏向きにひっくり返したように見せましょう（このアイディアはトマス・ブロムバーグが提案してくれたものです）。左手はブレイクから下を

写真5

写真6

写真7

少しだけ下げます。左手親指をパケットの下に入れ、ひっくり返し始めてください（写真6）。左手は手のひらを下に向けるように回転させ、左手の親指とその他の指でデックの縁を掴んでおきます。そのパケットを右手で持っているパケットの上にのせますが、少し左にサイドジョグし、ずれないように右手人差し指で押さえます（写真7）。上記の動作の最中、観客に見える裏面は青色だけです。

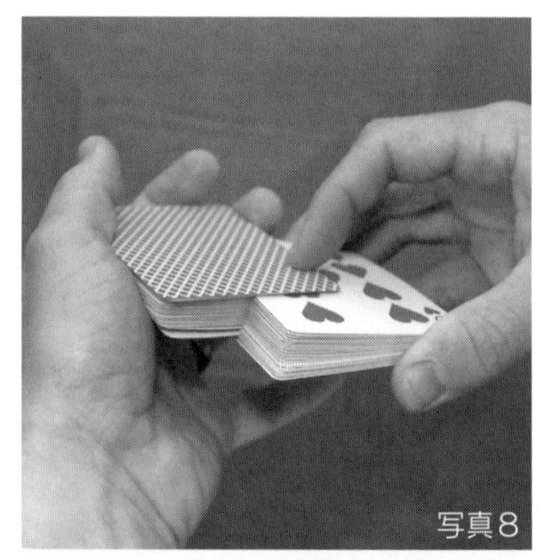
写真8

「表裏をごちゃ混ぜにしてしまうと、あなたのカードを見つけるのが2倍難しくなってしまうんですよ、私にとって。……ですが、あなたには2倍楽しんでもらえるかな」パケットを噛み合わせますが、多少不揃いな状態にしておきます。このとき選ばれたカードはトップのままにしておいてください（右手パケットの一番下のカードは一番下のままになるように）（写真8）。これからポール・ハリスの“Color Stunner”の、素晴らしいサトルティを使いましょう。これを使うとデックの中に何枚もの青裏カードがあるように見せることが出来ます。色違いのカードを真ん中に入れるように見せますが、実際にはデックの後ろ側に作ったティルト・ブレイクの間に入れてしまうのです（写真9）。さて、次に出てくる表向きのカードでは、動作は同じように真似ますが、本当に堂々と真ん中へと差し込みます。この動作をティルト

写真9

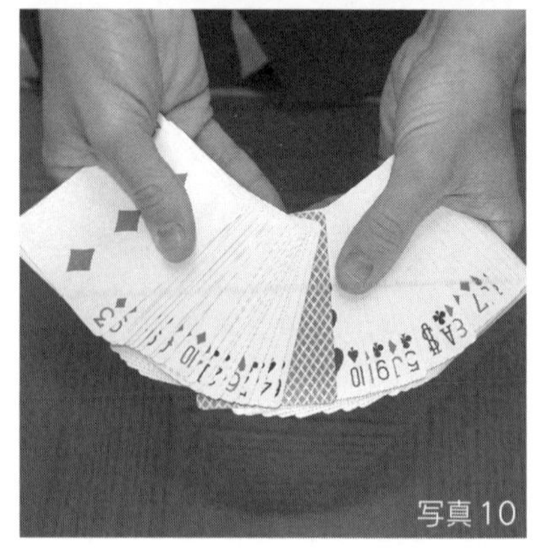
写真10

と交互に何度か繰り返してください。最後に、裏向きのカードを本当に真ん中へと差し込みます。この動作をやりながら、「あなたのカードは、まあ、どこかにはあります。表向きかもしれませんし、裏向きかも。表向き、裏向き……まあ大体どういう状況かお分かりでしょう」などと言います。

続けて「ですが指を鳴らせば、全てのカードは自然に元に戻るのです……1枚を除いてね」カードをスプレッドし、全てが表向きに揃っていること、そして真ん中あたりに1枚だけ裏向きのカードがあることを示します(写真10)。一番下のカードが見えてしまわないように気をつけてください。

青裏カードより上をカットして下に持ってきてください。このカットには、密かにひっくり返したデュプリケートを真ん中に持ってくる意味合いがあります。青裏のカードを取り上げて、それが選ばれたカードであることを見せましょう。裏向きにして、またデックの表側の上にのせます。

さあ、デックと選ばれたカード、両方を鮮やかにカラー・チェンジさせる私の技法、バレイ・カットを使うときがきました。

THE BALLET CUT：カラー・チェンジとして

バレイ・カットは、多くの実用的な要素を備えた、手の中で行える美しいフォールス・カットです。カラー・チェンジング・デックという文脈で以下に記載します。写真は観客からの見た目です。ルーティーンの中で、青裏のカードが選ばれたカードだと示された時点を取り上げてみましょう。いま青裏のカードは裏向きで、表向きのデックの上にのせてあります。そして赤裏のデュプリケートが、デックの真ん中でひっくり返っている状態です。

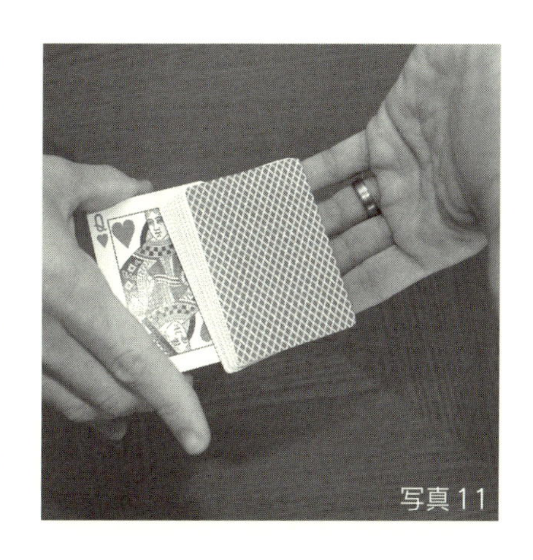
写真11

説明のためバレイ・カットの動作を各ステップに分けていますが、実際には一連の流れるような動きで行われることは心に留めておいてください。始めるにあたり、デックを親指と中指でエンド・グリップに持ちます。このときデックは右側の方から持っておくようにしてください。右手人差し指を使い、デックの半分をスイング・カットします。デックの方に伸ばした左手の指先でそれを持ちます。カットしたパケットの左側面が、一時的に伸ばした左手指の上にあるようにします（写真11）。これ以上支えていなくても大丈夫ですので、右手人差し指を上げましょう。カットしたパケットが、右手に残ったパケットと左手指先によって保持されているいることに注目してください。

写真12

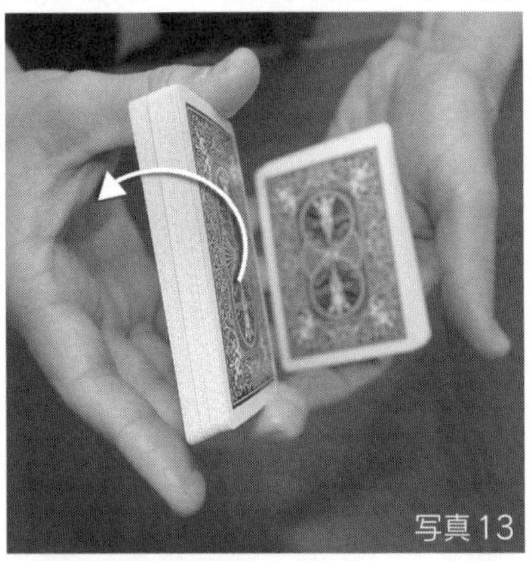
写真13

写真14

２つのことが同時に起こります。右手パケットを、上方に、僅かに右に弧を描くようにして動かします。これで、左手のパケット（元々の上側）が自然にひっくり返ります（写真12）。右手はパケットを上方向に放りますが、こうすることで、パケットの向きが空中で、時計回りで180°回転するのがお分かりになるでしょう（写真13、半回転させるのは空中でですので、実際の動作ではパケットには触れていません）。投げ上げたパケットは、元の上側のパケット上に裏向きで着地することになります（写真14）。

投げ上げるパケットにどのくらい力と回転を掛けるか、どのタイミングで手を離せばぴったり180°回転させられるかは、実際にやってみることでコツを掴んでください。このカットは右手による上方向への動きだけでなされるというのを憶えておくのも大事です。上側の半分が左手の上でひっくり返ったときに止まってはいけません。そのまま続けて、流れるような動きで行います。

バレイ·カットをカラー·チェンジとして行うことで、いかに“青裏のカードがカットされて真ん中にいってしまった”ように見えるかにも注目ください。実際には全てのカードの位置は完全に元のままに保たれています。デックは単にひっくり返っただけなのです。この動作で、“空中で”カラー·チェンジをやっただけでなく、青裏の選ばれたカードを赤裏の選ばれたカードへと気付かれることなくスイッチしたわけです。

バレイ·カットをしたら、デックをスプレッドし、全ての裏が赤く変わってしまったことを示します（ボトム·カードが見えてしまわないように注意）。真ん中で表向きになっているデュプリケート·カードの見え方についても注目ください（写真15）。観客には、ほんの少し前に見ていたのと同じカードのように思われているのです。選ばれたカードを真ん中から抜き出し、デックに擦りつけてからめくって見せ、色が変わっていることを示しましょう（写真16）。

写真15

写真16

デックを観客に渡しますが、このタイミングでボトム·カード（元々選ばれたもの）をコップすることが出来るでしょう。そのまま何気なくポケットに置いてくるでも構いませんし、もう少しカバーが必要であれば、カードの箱を取り上げてコップしたカードの上に重ね、箱ごとどこかに処理してしまえば良いですね。

全て検め可能な状態です。

BALLET STUNNER VARIATIONS

最後のどんでん返しは極めて強力な瞬間です。ちょっとした準備さえあれば、ただ裏模様を変える以上のことが出来ます。何か特別なメッセージなどを示しても良いでしょう。読者の皆さんがすぐ始められるように、幾つかのアイディアを挙げておきますね。

1．デュプリケート・カードの裏に、『お誕生日おめでとう』『記念日おめでとう』、もしくは『拍手！』と前もって書いておく。

2．"Anniversary Walts" タイプのトリックとしてダブル・フェイス・カードを使う。

3．裏面にあなたのコンタクト先情報を書いておく。

4．もしパフォーマンスの前に機会があれば、手伝ってくれる観客の名前をカードに書いておく。

5．ということで、演技の最中に、選ばれたカードの裏に観客の名前を書く方法を紹介しましょう。２枚の同一カードを表の面同士で重ねて、デックの一番上に置いておきます（残りのデックと裏面のデザインは同じ）。ここでは説明用として、２枚のジョーカーを使うものとします。それから予めお札か名刺（その他関連性のあるアイテム）を用意してください。そこにフォースするカードを前もって書いておきます。デックを取り出してきて、予言を書く旨を言うところから始めます。何か書く先を探しているかのようなふりをして、即席っぽく予め用意したお札を取り出してきます。書くための間に合わせの台としてデックを使う体で、デックの上にお札を置きます（写

写真17

写真18

写真19

真17)。先に書いておいたメッセージが見えてしまわないように気をつけてください。お札を上に向かって密かに折り(写真18)、手伝ってくれる観客の名前を、直接カードに書き込んでしまいます(写真19)。カードに密かに書き込んだら、お札を小さく折りたたみ、手伝ってくれる観客に渡します。このとき、カードに書いたメッセージが見えてしまわないように気をつけてください。デックを表向きにひっくり返して、表向き同士になっているペアをハーフ·パスでひっくり返します。このあとは、"Ballet Stunner"の、選ばれるカードをフォースするところから進めてください。"Triumph"のフェイズで、選ばれたカードがただ1枚ひっくり返っているシーンを見せたら、折りたたんで渡しておいたお札にある予言を明かします。そこから続けてバレイ·カットを行い、デックに鮮烈なカラー·チェンジを起こしてください。表向きになった選ばれたカードを抜き出しますが、裏はまだ見せません。このカードは、彼らがずっと見てきたカードと同じものだと思われています。カードの裏に書いてある観客の名前をお好きな方法で示しましょう。私がいつもやっているのは、カードを表向きで、お手伝いの観客の手のひらの上にのせることです。私は彼女に、指を"ペン"みたいにして、自分の名前を書く真似をしてくれるようにお願いしています。彼女に、カードをひっくり返してもらい、カードにはっきりとその名前が書かれているのを示しましょう。これは観客の方にとって衝撃的、かつパーソナルな瞬間になるのです。

NOTES and CREDITS

●ポール·ハリスの"Color Stunner"は、『*Adventures In Close-up*』, Vol.

3（『*Stars of Magic*』VHS, 1983）の主要作品のひとつです。

●デヴィット・ウィリアムソンの “Funner Color Stunner” は、彼のDVD『*Magic Farm*』（2004）で見ることが出来ます。

●バレイ・カットは最初『*Labyrinth*』#11（スティーヴン・ホッブス，1999）で、後に私の『*Brainstorm*』DVD（Vol. 1, 2003）にて発表しました。

●“Ballet Stunner” は、セットしたデックから始めることが出来るということで、素晴らしいオープナーとなるでしょう。また、これはあなたの演技の締めにも非常に適したものではありますが、そのためにはデック・スイッチをしなければなりません。デック・スイッチを簡単に行うのには、この本に載っている数多のトリックのうち、数枚のカードしか使わないようなもの、例えば “Palm Reader Plus” や “Homage to Homing”、“Impostor”、そういう手順を “Ballet Stunner” の前にやると良いでしょう。これらのトリックでは、演技の間、数枚のカードにしかフォーカスしませんし、残りのデックはポケットに片付けてしまいます。つまり、両手を両方のポケットに入れ、パケットを置いてきたら、そのままセットした別のデックを出してきてしまえば良いわけですね。

MORE ON THE BALLET CUT

さて、バレイ·カットをカラー·チェンジという文脈で使うパターンは見て頂きました。ですがその他にも価値ある利用法はいっぱいあります。読者の皆さんがすぐ始められるように、以下に幾つか書いてみます。

1．フラリッシュとして：バレイ·カットを、"印象的、それでいて派手過ぎない" フラリッシュをしたいときいつでもやってみる。

2．フォールス·カットとして：ディセプティブなフォールス·カットをしたいときにはいつでもバレイ·カットが出来ます。特に、マルティプル·シフトによって数枚のカードをデックの中に埋もれさせたかのように見せかけたあとだと、実にいい感じに見えるのを発見しました。例えば、堂々と４枚のエースを表向きのデックからアウトジョグして、マルティプル·シフトを行い、それらをデックの一番下に持っていきます。デックはまだ表向きですが、ここでバレイ·カットを行えば、カードは埋もれてどこかにいってしまったという印象をより強めることが出来ます。エースはいま全部トップにありますので、お好きな方法で取り出してくることが出来るでしょう。

3．裏が違うカードをフォースする：デックの一番表側に、裏のデザインの違うカードをセットして始めます。デックを裏向きで持ち、デックの左外隅を弾きながら、観客にストップと言ってもらいましょう。言われたところで本当に止め、そこでバレイ·カットを行います。サインさせるため一番表側にあるカードを押し出します。観客がストップと言ったところからデックをカットしたように見せて、実はデックをひっくり返しただけなのです。

4．一瞬でプロダクション：カードを選ばせ、憶えたら返してもらい、デックのトップから２枚目にコントロールします。トップ·カードをめくり、選ばれたカードはそこにはないと示します。このカードを表向きのまま下のカードと揃えます。背中合わせになったダブル・カードを１枚のようにしてつまんで持ち、その上に左手親指を使ってデックをひっくり返してのせます。これで、選ばれたカードは一番下にもない、ということを示します。デック側面をリフル・ダウンし、観客にストップと言ってもらったところで止めます。ここでバレイ・カットを行うと、一瞬で選ばれたカードが表向きになって視界に飛び込んでくるのです。バレイ・カットがデックのどの位置からでも始められることに注目ください。リフルしてストップと言ってもらう一連の手続きにおいて、これは理想的です。観客の言ったストップの場所、本当にそこからカットを始めることが可能なのです。

５．ダブル・プロダクション：２枚のジョーカーを取り出してきたいとします。１枚をトップ、もう１枚をボトムにセットしておいてください。デックを裏向きで持ってバレイ・カットを行うと、１枚目のジョーカーが表側に現れます。このジョーカーを脇に置いたら、表向きのデックでバレイ・カットを行います。すると２枚目のジョーカーがトップにきます（開始時点の位置に戻りました）。これは、選ばれた２枚のカードを出すときや、偶然の一致系のトリックにおいて、マッチした２枚のメイトを取り出すときなどにも使えます。

６．ポップ・アウト：ジャック・カーペンターは、カードをデックの真ん中からぱっと飛び出させるのにバレイ・カットを使っています。デックを表向きのエンド・グリップに持った状態で始め、ボトム・カードの上に右手親指でブレイクを取っておいてください。（ブレイクはかなり広めに取っておいた方が良いでしょう）。バレイ・カットを始めます。上半分が左手のひらの上にスイングされたら、右手をほんの少し前に動かします。上半分を宙に投げ上げる直前に、ブレイクより下の１枚のカードを離します。上半分をもう半分と揃えますが、表向きの１枚が真ん中から突き出た状態になっているでしょう。ジャックはまた、このアイディアは４枚のエースを１枚ずつ現すのにも使える、ということも教えてくれました。最初に４枚のエースを表向きのデックの一番下にセットしておきます。ポップ・アウトを４回続けて行いますが、各エースを出してくる度デックを表向きに戻してください。バレイ・カットをやる前には、同じ表向きのカードが毎回見えていることには少し注意が必要です。なのでこのカードをハロ・カットやオーバーハンド・シャッフルなどを使って移してしまうのが良いでしょう。

７．カラー・クラッシュ：これは極めて速い、非常に効果的なカラー・チェンジング·デック·トリックです。演じるのに30秒もかかりませんし、良いオープナーといえるでしょう。赤いデックで、トップに表向きのジョーカーをのせます。そして青裏のジョーカーを裏向きにしてその上に置きます。全部をまとめて青のカードの箱に入れておいてください。演技をするときには、デックを箱から出してきて、表向きでシャッフルします（トップの２枚のジョーカーの位置を崩さないように）。フバート·ランバートのスイベレルー·カット（『*Card College*』, Vol. 2）を以下のようにして行います：デックを表向き、エンド·グリップで持ち、左手人差し指で真ん中あたりのカード大体20枚を、左内側コーナーからくるりと回転させましょう。右手中指を軸として、その部分を大体180°前方に回転させます（地面と平行）。回転させた部分を左手で取ったら、その上に左手親指を置きます。右手の分をその上に置きますが、左手親指はその間に入れたままにします。左手親指を左へゆっくりと動かすと、真上のカードが一緒に引き出されてくるでしょう（表向きのジョーカーが出てきます）。そのまま左手親指を動かし、デックの左側面からぐるりと上げていってください。これでジョーカーはデックの上に裏向きにひっくり返ることになります。親指で引き出すときは、カードを複数枚引き出すことがないように注意してください。もし複数枚出てきそうなのが見てとれるような場合は、なるべく新しいデックを使ってみてください。このプロダクションは、単なるジョーカーの取り出し手順であるのみならず、極めて素早く、カラー·チェンジング·デックのフェイズへの準備をも同時に済ませることが出来ているのです。

あとは記載通りにバレイ·カットを行ってください。カードをスプレッドすると、全て赤裏の中に１枚だけ、表向きのジョーカーが真ん中あたりに現れます。一見、演者がデックの中へとカットした１枚のように見えるでしょう。ジョーカーを抜き出し、その裏面もまた赤に変わっていることを示します。クリーン·アップのため、このジョーカーを表向きでデックのボトムに入れ、デック全体をひっくり返し、２枚のカードを１枚のようにして持ち上げ、そのジョーカーをポケットにしまってしまいます。これでこのあと、どんなカード·ルーティーンでも演じられますね。

CHAPTER 7 SEVEN

PERFECT STORM

- Lost & Found
- Intuition and Out of the Blue
- Vino Aces

続く３作品は極めて素晴らしいルーティーンで、
世界中の観客やマジシャンたちから、物凄い注目を浴びたものです。
これらは元々、私のDVDである『*Brainstorm*』
そして『*Second Storm*』にて発表しているもので、
今回はより強力にするため、one-degreeの改良を加えています。

LOST & FOUND°

Effect：サインしたカードが透明なプラスティック製のケースの中から消失、そして見えない飛行をしてその中に再び戻ってくるのです。

この作品を2003年の『*Brainstorm*』のDVDで発表してから、言い表せないくらい多くの反響を頂きました。最後のフェイズ、サインされたカードが透明なスリーブの中に再び現れる部分は、多くの人たちを引っ掛けたのです。本作はここ数年の私のパフォーマンス、そしてレクチャーに必携の作品になりました。

“Lost & Found”はロイ·ウォルトンの“Jefferson's Jest”と、それに関連したスティーヴ·ハミルトンおよびピーター・ダフィー両氏のトリックから着想を得ました。それらのトリックが透明なスリーブ·ケースからのカードの消失をメインに扱っていたので、私は「その中に再出現させる方法はないものか」と考え始めたのです。透明スリーブに仕掛けを施すものから、スリーブをまるごとスイッチする案まで、思いつく限り沢山の手法を考えました。この過程の中で、フリクション·プリンシプル（摩擦の原理）と私が呼んでいる、あるものを発見したのです。その結果、悪魔的なまでにシンプルな方法で、カードが確かにスリーブの中に再び出現したように見せることが出来るようになりました。

元のハンドリングから新しくなったのは、スリーブにくっつけるストラップを使うようにしたところです。これは、荷物タグに見た目が近くなっただけでなく（これにより演出としての一貫性がつきました）、ハンドリングを容易に、消失と再出現の瞬間をより強め、「触っていませんよ」という公平感をより強調するものになったのです。

Setup：まず、短い辺の側が開いた、プラスティックの透明なスリーブが必要です。一般的にネーム·バッジとして使われるようなものですね。サイズはカードがぴったり入るくらい（理想的には6.8cm × 9.2cm）です。近所のオフィス用品店かインターネットで探してみると良いでしょう。ベースボール・カードのプロテクターでもいいですね。手に入れたら、開いている辺のところを半月状に切っておいてください。そしてその反対側の辺のところにパンチで穴を開け、カメラ用のストラップを通しておきます（写真１）。

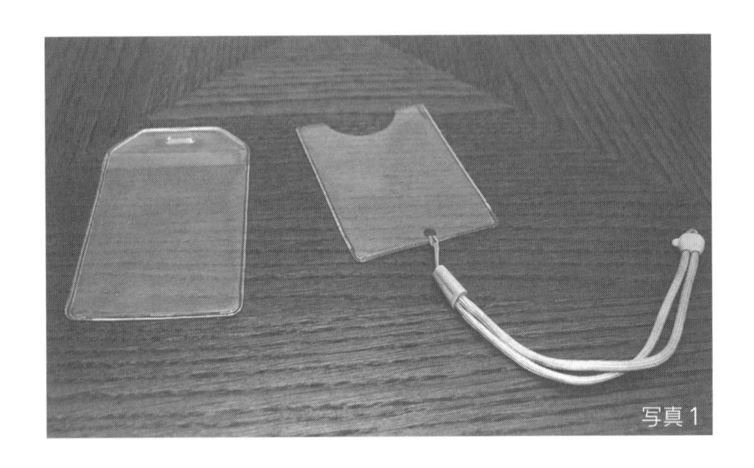
写真１

Method & Presentation：「もしいますぐ飛行機に乗って旅行に行けるとしたら、どこに行きたいですか？では、これから空想上の旅行に出かけてみましょう。荷物タグも荷物も、全部持ってきています」透明なスリーブとデックを見せます（スリーブを荷物タグに、デックを荷物に見立ててください）。オープンに２枚のジョーカー（もしくは２枚のジャック）を抜き出し、表向きにして裏向きデックの上にのせます。この２枚を持ち上げるように見せて、密かにその下の１枚を付け加えてきてしまいます。そのまま３枚のパケットを２枚の揃ったジョーカーであるかのようにして持ち上げますが、右手の親指で３枚目の上に小さくブレイクを保っておきます。いまマーローのアトフス・ムーブの位置になっています：一番上のジョーカーを左手のデックの上へと引き取り（写真２）、

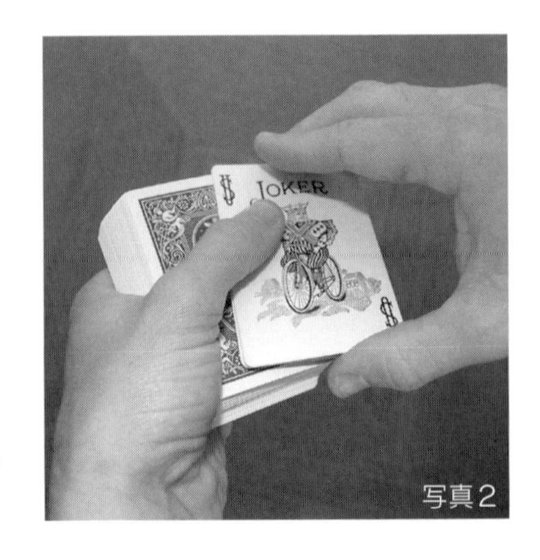

写真２

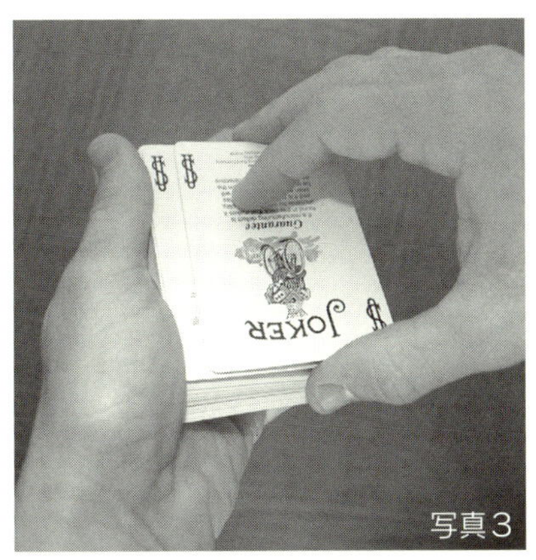

写真3

パケットの下にサイドジョグするように入れます。そうしたら左手親指の腹を押し付けて揃えます（写真3）。カードが揃ったらブレイクから下の2枚を密かにデックに付け加えてきてしまいます。これでデックのトップはあるべき姿、つまり裏向きのままのように見えるわけです。右手は1枚のジョーカーを持っていますが、観客はそれが2枚だと思っています（写真4）。このジョーカーを2枚であるかのように扱い、そっとテーブルないしカードの箱の上に置きます。上記の動作を行いながらこう言います。「この2枚のジョーカーは、空港で私たちの荷物を運んでくれる人たちだとしましょう」

写真4

続けます。「あ、ちょっと待ってください。あなたは何の荷物も持ってきていません。今日旅に出るなんて知らされていませんでしたから当然ですね。でも大丈夫です。私の荷物、この52枚のうち1枚を使って頂きましょう」
デックを表向きにし、一番下2枚の上に親指でブレイクを取ります。半分よりやや少ないくらいのカードを左手へとスイング・カットし、そこへ右手のパケットから1枚ずつ取っていきます。観客には好きなところでストップをかけてもらいましょう。ストップがかかったらそこで止め、左手を伸ばしてカードにサインをしてもらってください。これからジェームス／エリスのムーブを使って、選ばれたカードを以下のようにしてスイッチします：右手のパケットを使って、選ばれたカードを裏向きにひっくり返します（写真5）。それから右手の中指をそのカードの上に置いて、右手親指がデックの後ろに接触するまで押し出していきます。この瞬間に右手親指のブレイクより下を置いてきてしまうのです（写真6）。左手を内向きに返しますが、これは置いてきたカードを見えないようにするだけでなく、観客にアウトジョグした選ばれたカードを見せるという役割も果たします（写真7）。左手人差し指を、アウトジョグしたカードの前端に触れるまで伸ばし、デックへと押し込みます。左手はそれと同時に手首を返して元の位置へと戻してください。すぐにトップの裏向きのカードを押し出してテーブルに置きます。この一連の動作は、選ばれたカードの残像が映る、実にいい見た目となります。実際には選ばれたカードとジョーカーをスイッチしてしまっているわけですが。スイッチの最中「サインしてもらったカードは、あなたの手荷物を表しています」と言います。右手のパケットを左手のパケットにのせて揃え、裏向きにひっくり返してテーブルに置いてください。観客たちは知る由もありませんが、選ばれたカードはいまデックの中でひっくり返った状態です。

写真5

写真6

写真7

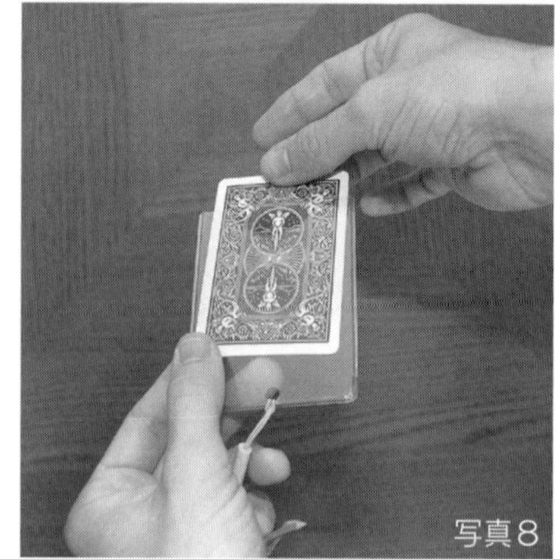
写真8

テーブルに置いたカードを、表が見えてしまわないように注意しながらスリーブへと入れたら、テーブルに置きます（写真８）。表向きのジョーカーをエンド・グリップで取り上げ、裏向きにひっくり返しますが、動きとしては２枚の重なったカードを扱うようにしてください。透明スリーブ（中に１枚入っていますが）をジョーカーの上にのせます。カバーされたら、ジョーカーをサイドにスライドさせ、あたかも選ばれたカードをサンドイッチするかのようにトップへとのせてこう言います。「あなたの荷物はタグの中に入れ、更に２枚のジョーカーこと運搬人に両側から持ってもらいます。これで安心ですね！」ストラップを自分に向くように持ちつつ、２枚を３枚としてカウントします。以下のように行ってください：カードとスリーブを一緒に、右辺を右手親指が上になるようにしてつまみます。左手親指で、トップ・カードを左へと引き取ります（写真９）。スリーブをジョーカーの上に引き取る動作で、ジョーカーを右手の指先へとスティールしてください。そうしたら残ったカードをスリーブの上にのせます。さて、これから２枚のジョーカーを示すことでダメ押しをしましょう。トップ・カードを上に傾けてジョーカーであることを示し、そのままトップへと戻します。次に"ボトムの"ジョーカーを見せますが、スリーブの半月状の切り込みのある方の辺を、右手親指が上、その他の指が下になるようにしてつまみ、手を返して下側を見せます（写真10）。実際にはスリーブの中のジョーカーを見せているのですが、これは本当にボトムにあるように見えます。半月状の切り込みを隠していることで、このイリュージョンはより強いものになります。

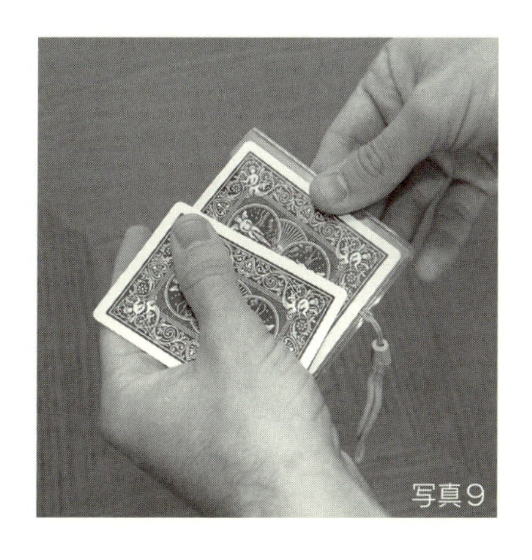
写真９

写真10

Phase 1：Departure――出発

ここからが面白いところです。下向きにした右手で、半月状の切れ込み部分のところでカードとスリーブを同時につまみます（写真11）。左手で垂れ下がったストラップ部分を持ちます（もしストラップを使っていなければ、透明スリーブのギリギリ端っこをつまんでください）。これから２つのことを同時に行います：右手は２枚のカードをつまんだまま手を上向きに返していきます。同時に左手はストラップを持って左側へと引っ張ります。右手からスリーブを抜き取ってくる感じです。２枚の表向きのジョーカーを広げて見せ、スリーブの中に何も残っていないことを示します（写真12）。サインしてもらったカードは消えてしまったのです。「空港の厳しいチェックがあっても、荷物が無くなってしまうことはあります。あれって腹立ちますよねー。それどころか、彼らは荷物を別の便に載せてしまったわけです。あなたのカードはいま［どこでもいいので場所の名前を言う］に向かっている最中です」言いながらデックをスプレッドし、真ん中にサインされたカードがあるのを示しましょう。

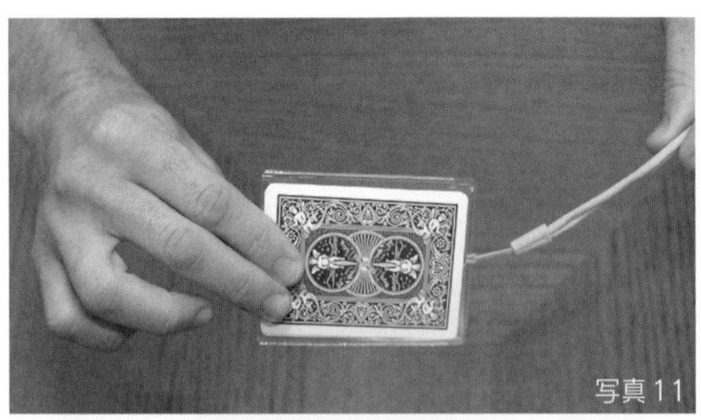
写真11

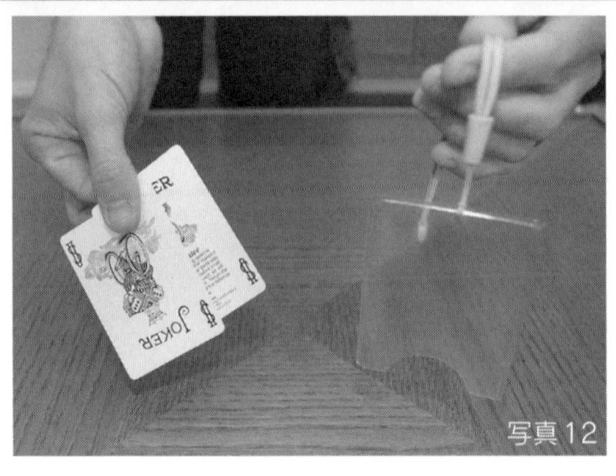

写真12

Phase 2：Turbulence――乱気流

デックを裏向きで手の間で広げ、選ばれたカードをアウトジョグします。ジョーカー2枚を表向きでデックの上にのせますが、トップ3枚（2枚のジョーカーと、1枚の裏向きのカード）の下にブレイクを取ってください。選ばれたカードを抜き出し、2枚のジョーカーの間に表向きで差し込みます（写真13）。カードを2枚のジョーカーと揃え、ブレイクから上を持ち上げ、この4枚をエンド・グリップで持ちます。デックは裏向きで脇によけておいてください。左手にリバース・カウントで1枚ずつ2枚取り、残りのぴたりと揃えたダブル・カードをその上にのせます。「2枚のジョーカーであなたのカードをサンドイッチしましょう。ああ、空の旅ではこんなアナウンスがよくありますよね、『……乱気流の際、お荷物が動いてしまうことがございます』って」揃えたパケットをエンド・グリップで持ち、"乱気流"を表すべく右手を振ってください。アスカニオ・スプレッド的な動きで、トップとボトムのカードを左手の指を使って同時に取ります。これで、ぴたりと重なったダブル・カードが右手に残ります（写真14）。これにより、選ばれたカードが裏向きに変わったように見えます。

写真13

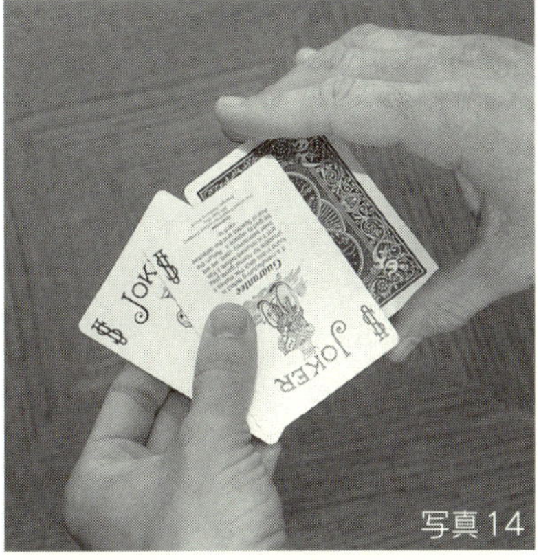

写真14

写真15

このダブル・カードを使って2枚のジョーカーを裏向きに返し、その真ん中にダブルを戻します（写真15）。パケットを揃え、更なる“乱気流”を起こすため、再度右手を揺らしてください。左手指先を使って、ボトムの2枚を左側へ引き出します（写真16）。表向きになった選ばれたカードが真ん中に見えます。右手はトップのダブル・カードを保持したままです。

写真16

これから、選ばれたカードを裏向きにして、2枚の表向きジョーカーの間に挟んだように見せましょう。まずボトムのジョーカーを表向きにひっくり返します。続けて、その上に選ばれたカードを2cmちょっとインジョグさせて裏向きにひっくり返してください（写真17）。残ったダブルを選ばれたカードの上に合わせて一時置きますが、そうしたらトップのジョーカーを1枚だけ表向きにひっくり返し、先ほどよりも深めにインジョグしておきます（写真18）。縦方向に並んだパケットを右側からつまみ、下側が、つまり選ばれたカードの表面がはっきりと見えるように手を返します。パケットを元通りに戻し、それをディーラーズ・グリップで保持してください。カードはまだスプレッドされた状態のままです（写真18）。ここで、ヴァーノン／クライスト／アネマン・アラインメント・ムーブを行いましょう：右手中指の腹を一番上のジョーカーの前端に置き、また同時にその下のカードにも触れるようにします。右手親指はトップ・カードの内側の縁に触れています。右手を前

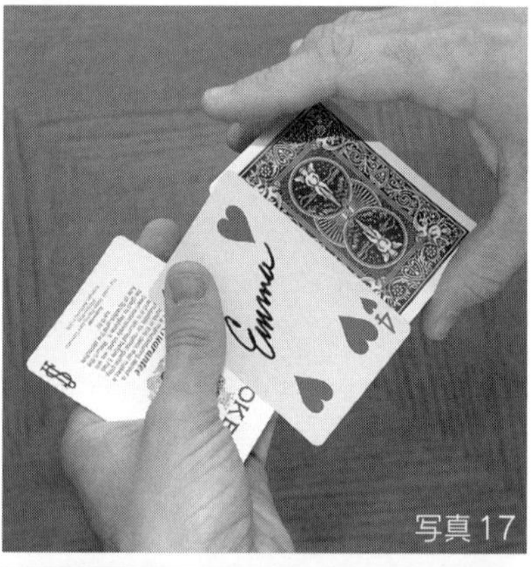

写真17

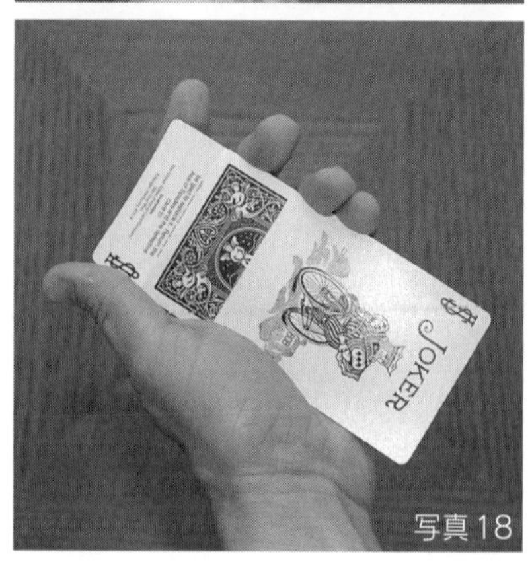

写真18

方に動かして、２枚のカードを同時に押し出していきます。右手親指がボトム・カードの端に触れるまで押し込んでください（写真19）。いま、選ばれたカードと思われているカードがアウトジョグしている状態です。ですが実際には選ばれたカードは全く別のカードへとスイッチされているのです。

写真19

アウトジョグされているカードを抜き出し、デックの上に置きます。デックをゆっくりとカットし、選ばれたカードが埋もれてしまったかのように見せます（写真20）。「目的地へ最後の一歩を踏み出す前に、あなたのカードをデックに埋もれさせてしまいます」

写真20

Phase ３：Arrival――到着

いま左手には２枚のジョーカーを持っているように見えています。選ばれたカードはその真ん中に隠されている状態です。これから、選ばれたカードが透明スリーブの中に舞い戻ったように見せることになります。ジョーカーのパケットをエンド・グリップで保持してください。左手の指先で、ボトムのジョーカーを左へと引き出して取り、それを使ってテーブル上にある透明スリーブを掬い取ります（写真21）。右手のダブルを、スリーブの上にのせ（写真22）、右の辺に沿ったかたちで持ち直してください。下側のジョーカーが、スリーブおよびその上にあるカード（２枚）と揃うようにします。そうしたら

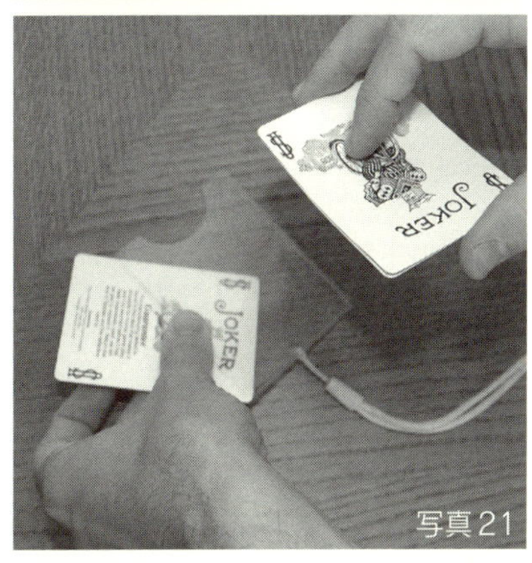

写真21

スリーブごとパケット全体をつまんで、注意深くひっくり返しましょう。観客に、親指を上にして、このパケットの真ん中部分を直接つまんでもらいます（写真23）。

私のフリクション・プリンシプルを使うポジションになりました。ストラップの端を握り、ゆっくりと観客の手から引き出すようにします（もしストラップを使っていなければ、ギリギリ端っこをつまみ、ゆっくりと自分の方へと引っ張ります）。摩擦があるおかげで、選ばれたカードはスリーブの下にくっついた状態になるのです（写真24）。トップとボトムのカードは自然に観客の指先にとどまります。ストラップを色々な方向へと引っ張って（写真25と26）、選ばれたカードがスリーブの中にあるということを強調することも可能です。

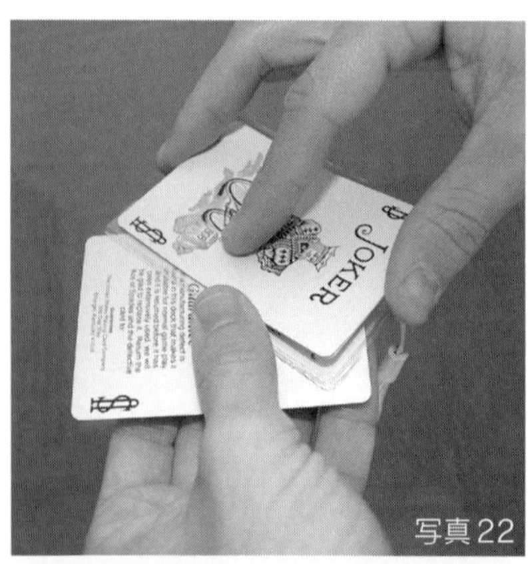

写真22

写真23

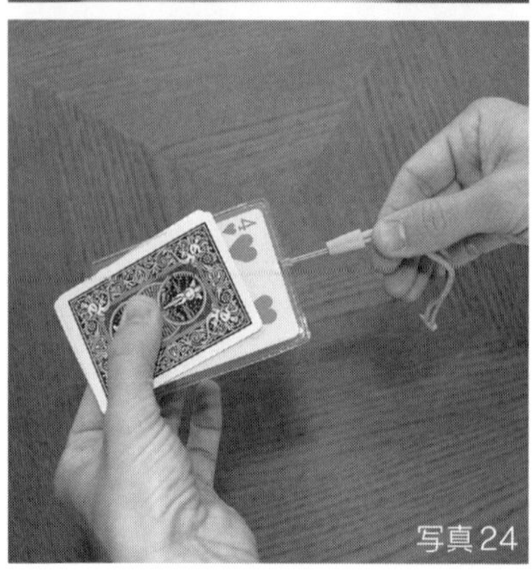
写真24

写真25

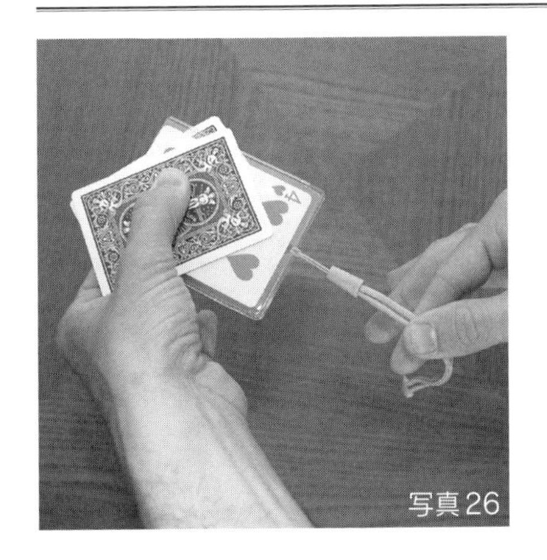
写真26

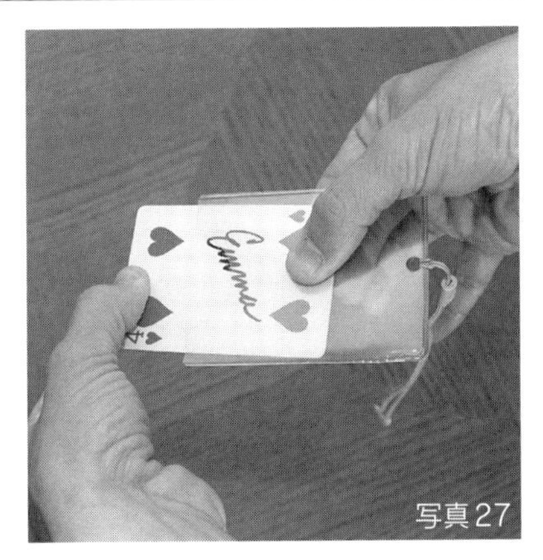
写真27

これはスリーブとカードの動きがピタリと揃っているので、完璧なイリュージョンとなります。もうひとつ良いのは、半月状の切り込みの部分では、選ばれたカードが直接見えているという点ですね。

スリーブとカードを、観客の手から引き抜いてしまわないように注意してください。一旦スリーブ越しにカードを見せたら、それらを右手で一緒につまみ、ひとまとまりのものとして観客の手から取り出しましょう。トリック自体は終わりましたが、カードをスリーブから出してくるという一仕事が残っています。観客に殊更アピールするようなことはしませんが、カードが本当に中から取り出されたという印象を強めるサトルティを行いましょう。右手指先で、親指を上側に当ててスリーブとカードをきつくつまみます。開いている方の口から左手でカードを引き出してください(写真27)。パケットをきつく持っていることで抵抗というか引っかかり感が生まれ、それによってカードがスリーブの中から出てきているというイリュージョンをより強めてくれるのです。カードはお土産として観客にあげてしまいましょう。

全て検め可能です。

NOTES and CREDITS

●ロイ・ウォルトンの "Jefferson's Jest" は彼の『*Cardboard Charade*』(1971) という冊子で、のちに『*The Complete Walton*』, Volume 1 (1981) で発表されています。

●スティーヴン・ハミルトンは、彼の『*Shades of Close-up*』(1988) というノートにおいて "Clearly Vanished" を発表しています。
●ピーター・ダフィーの "Clear to the Point" は『*Effortless Card Magic*』(1997) に載っています。
●"Point of Departure" は『*The Collected Works of Alex Elmsley*』, Vol. 2 (1994) に載っています。
●ジェームス／エリス・ムーブに関しては、ウェスリー・ジェイムスがフランク・ガルシアの『*Super Subtle Card Miracles*』(1973) の中で、"On the Up and Up" の名で、その技法を発表しています。ほぼ同時期に、トム・エリスが本質としては同様の技法を『*The Pallbearers Review*』にて発表しています。
●クライスト／アネマン・アラインメント・ムーブは、『*Tarbell Course in Magic*』, Vol. 5 (1927) の "Synthetic Sympathy" の中に載っています。スティーヴン・ミンチは、このムーブは1933年にヴァーノンが考案したものだ、という解説をしていますので、ここではヴァーノン／クライスト／アネマン・アラインメント・ムーブというように３人の名義で紹介しました。

INTUITION° & OUT OF THE BLUE°

Effect：４枚のクイーンたちがその“女のカン”で観客のカードを当てます。そのあと、４枚のエースと４枚のクイーンの位置が換わってしまうだけでなく、その裏面のデザインまで変わってしまうのです。

この２段からなるパケット・トリックは、元々私の『*Brainstorm*』DVD, Vol. 2 (2003) にて発表したものです。本作は私のレクチャーでもパフォーマンスでも、必携のトリックであり続けています。“Intuition” はホフツィンザーに着想を得たパケット・トリックです。また、これは単体でも良いトリックだとは思いますが、観客たちに“カードは全部赤裏だ”と信じさせるのに、大変重要な役割を果たしてくれるのです。これがあるが故に、２段目のトリック“Out of the Blue”も、より一層強力なものになります。

ハンドリングは元々発表したものとさほど変わっていません。ですが、最後のクリーン・アップ部に関して大きな改善を施しました。また、クイーンについては、青裏のバイシクルからゴールデン・ナゲットに変更しました。このコントラストは、“Out of the Blue” のカラー・チェンジのフェイズをよりビジュアル、かつ印象深いものに仕立ててくれました。

写真１

Setup：８枚のカードだけ使います。

赤裏デックからは４枚のエースを、ゴールデン・ナゲット・デック（もしくは他の、裏模様／色が別のデック）からは４枚のクイーンです（写真１）。それから、４枚のエースにはワン・ウェイ・プリンシプルを使うため、裏面の左上に小さく印を付けておきます。印は一隅だけにしておいてください。裏向きにした4枚のエースを4枚のクイーンの上にのせ、印が全部同じ側で見えることを確認します。私は天使の左の渦巻きデザインのところに、小さな点を打っています（写真2、分かりやすくするため、ここでのコーナーの印は大袈裟にしています）。8枚はカード・ワレットに入れて運んでもいいですし、赤裏デックからクイーンを抜き出してゴールデン・ナゲットのクイーンを入れておき、そこから抜き出してくるでも構いません。

写真2

INTUITION

エースとクイーンを出してきますが、クイーンの裏面が見えてしまわないように気をつけてください。デックからではなくカード・ワレットから出してくるのであれば、私はいつもダローのコンボ・カウントを使い、何気なく全て赤裏であるように見せています：パケットを裏向きで、エルムズレイ・カウントをするときのように持ちます。そうしたらトップ・カードを左手に取ります。次のカードを取るときに1枚目のカードをパケットの下にスティールしてください（写真3）。3枚目のカードを堂々と2枚目の上に取ってください。そうしたら右手親指でブロック・プッシュオフを行いましょう（写真4）。このブロックを左手で取りながら、先に置いてあった2枚を右手の残りのカードの下へとスティールします（写真5）。

写真3

写真4

それから右手にある3枚をそのまま左手のパケットに1枚ずつ取っていきます。なお、ここの手順では実際には7枚の裏しか見せていないのですが、この時点で数えている人などいません。何気なく行い、こう言います。「少ない枚数で何かやってみましょう」ここでの真の目的は、実際に言葉で言わずに、“全てが赤裏のカードである”と観客に伝えることです。

写真5

パケットを表向きにひっくり返し、4枚のクイーンと4枚のエースであることを見せます。「デックの中の4人のご婦人たちと、この4枚のエースを使って、女のカンってものについての実験をお見せしましょう」4枚のクイーンをテーブルに表向きで置いてください（裏面を見せないように気をつけて）。堂々と4枚のエースを見せ、それを裏向きにして手から手に渡していきながら、向き自体は変えないようにして混ぜていきます。これは非常に大切です。付けておいた印は同じ隅になければなりませんからねで。そのまま続けます。「エースをちょっと混ぜて頂けますか……こんな風に」観客の1人にお願いして、エースを手から手に渡すかたちで混ぜてもらいます。どんな風にエースを混ぜてもらいたいかを実際に見せることで、観客がカードの向きを意図せず乱してしまうことを防ぐのです。エースを返してもらい、裏向きで広げ、どれか1枚を選んでくれるよう頼みます。選ばれたカードが同じ方向を保つということが大変重要ですので、ここでは言葉による説明が役に立ちます。「どれでもいいのでエースを抜き出して、さっと見てください。他の人には見せないで。そうしたらその他のエースの中、どこでもいいので返してください。あとは、お渡しするので、先ほどやってくれたようにもう一度混ぜてください」ここで、「他の人には見せないで」と言うことで、カードが同じ方向に保たれる助けになるでしょう。演者の側は、カードが抜かれたら、密かに手元の3枚のカードを180°回転させます。これは右手を伸ばして、そのファンを左から右へと閉じることで行います（写真6）。選ばれたカードが返されたら、パケットを渡して先ほどと同じ動きでシャッフルしてもらいます。このフェイズでは、周辺視野で見ることと、観客をコントロールすることが大切です。もし何がしかの理由で観客がカードをひっくり返したり落としてしまったりした場合には、シャッフルのフェイズはやらず、演者がカードをコントロールしてください。

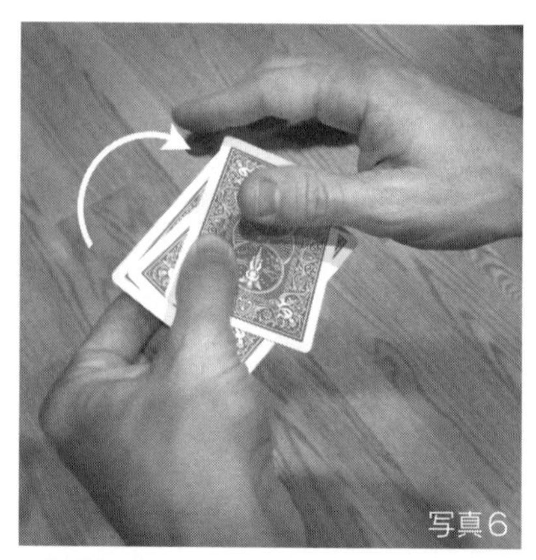
写真6

観客がエースを混ぜ、それを返してもらったら、左外隅の印を見るために少しだけ広げます。この印を見るのにほんの少し時間を稼ぐため、テーブル上のクイーンの上で持ちこう言います。「クイーンたちに、４枚のエースを最後にちらっとだけ見せます」あなたがどちらで始めたかにより、３つの印か１つの印が見えているはずです。いずれの場合でも、１枚だけ違うのが選ばれたカードです。(写真7) 何気なくカットないしはカルをして、そのカードをパケットのボトムに持ってきます。四隅を揃える動作の中でボトムのカードをグリンプスします (写真８)。

写真7

「あなたのオーラを感じ取るために、一瞬クイーンをエースにくっつけます」４枚のクイーンを取り上げ、裏向きのエースのパケットの上に表向きのままのせましょう。これをやる際、選ばれたエースが何だったかに応じてクイーンをさっと並べ直す必要があります。並べ替え方は憶えやすいでしょう。下側２枚のクイーンは、選ばれたエースと同じ色でなければなりません。そして下から２枚目のクイーンはそのエースと同じスートである必要があります。今回は例として、グリンプスした選ばれたカードはスペードのエースだった

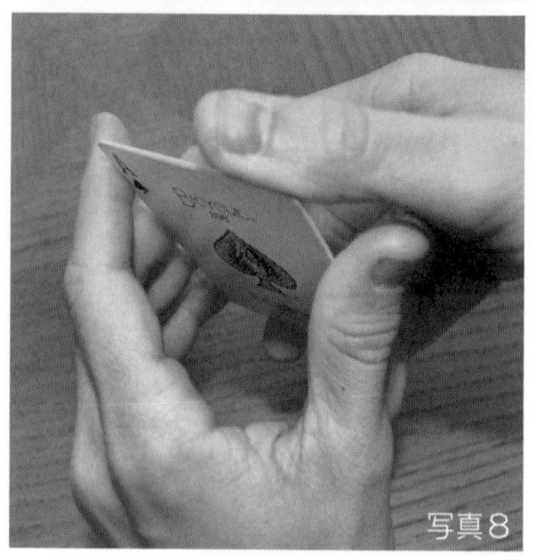
写真8

とします。なので、表向きのクイーンは、上から２枚の赤いクイーン、スペードのクイーン、クラブのクイーンという並びになるわけですね（写真９）。８枚を揃えますが、このときボトム・カードの上にブレイクを取ります。パケットをエンド・グリップで持ちますが、右手親指でブレイクは保っておいてください。

写真9

クイーンを左手に取っていく中で、選ばれたエースと、それにマッチしたスートのクイーンとを密かにスイッチしましょう。以下のように行います：一番上のクイーンを左手に取ります。２枚目のクイーンを取り始めるときに、ボトムのエースを密かに最初のクイーンの上に落としてきましょう（写真10）。それから３枚目のクイーンを左手に取りますが、その下にブレイクを保ちます。そして４枚目のクイーンを引き取るときに、３枚目のクイーンを右手パケットの下へとスティールします（写真11）。左手は一見４枚のクイーンを持っているように見えていますが、実際には３枚のクイーンと、下から２枚目に裏向きのエースがある、という状態です。同様に右手は３枚のエースと、ボトムにはひっくり返ったクイーンを持っています。

写真10

写真11

左手で“クイーン”を持っていますが、左手親指を右手パケットへと伸ばし、堂々とトップのエースをボトムへと移し替えましょう。右手を返し、一瞬エースを見せます。右手を元に戻し、この手順をもう一度繰り返し、エースをトップからボトムへと移します。何気ない繰り返しの中で、右手は４枚のエースを持っているかのように見せるのです。“エース”のパケットを裏向きでテーブルに置きます。この引き取っていく手続きの間にこう言います。「４枚のクイーンは私が持っておき、エースはここ、あなたの隣に置いておきましょう」

観客の注意は全てあなたの手の“クイーン”に向けられるようにしてください。「分かりますか？クイーンはそれぞれみんな、目を開けています」エルムズレイ・カウントを行いますが、最後のカードはボトムへと移します。続けて、「あなたのところに置いたエースの上でこれを振ると、１枚のクイーンが目を閉じるんですよ」テーブルのエースの上でクイーンを振り、ゆっくりと広げて１枚のカードが裏向きになってしまっていることを示します。３枚の表向きのクイーンのスートを言っていきましょう。その消去法から、どのスートが裏向きになっているかは明らかですね。「スペードのクイーンがその目を閉じました。彼女は私たちに何かを伝えようとしているみたいです。スペードを選ばれました？」これは素敵な瞬間ですので、観客に状況が浸透するのを待ちましょう。

観客がスペードを選んだということを確認したら、テーブルのエースのパケットをスプレッドします。その中にスペードのクイーンが表向きになっているのを見て、観客たちは驚くでしょう（写真12）。そのクイーンを取り上げ、右手で持っているパケットの一番下に加えます。これで、４枚のクイーンが１枚の裏向き

写真12

写真13

のカードをサンドイッチしているという素敵な絵面になります。ゆっくりと裏向きのカードを突き出し、そしてそれが本当に観客の選んだエースであることを示しましょう（写真13）。選ばれたエースをクイーンの一番下へと移し、パケットを揃えて右手で持ちます。このパケットを使って、テーブル上の３枚のエースをひっくり返して表向きにします。このタイミングで、クイーンのパケットの裏面をチラッと見せて、それが赤裏であることを示しましょう。表向きのクイーンを、テーブルに置かれている表向きのエースの上にのせます。並びは表側からいま、４枚のクイーン、４枚のエースとなっていますね。このトリックの間ずっと、ゴールデン・ナゲットの裏面は１枚も見せていないことに注目ください。これは、"トリックを通じて全てのカードは表向きでも裏向きでも示されていた"という観客の確信を強める、極めてディセプティブなものなのです。

ちなみに、このトリックはせかせかやらないようにしてください。私は以前、続くトリック"Out of the Blue"の実に素晴らしいカラー・チェンジのパートを早く見せたいがために、こちらはさっさと終わらせようとスピード・アップしがちでした。ですが私は学んだのです。"Intuition"は観客に８枚の赤裏のカードを使っているということを信じさせるための、単なる手段以上のものであるということを。このトリックはそれ自体が、ひとつの確かなマジックなのです。

OUT OF THE BLUE

"Intuition"を演じ終わったあと、クイーンを２枚の赤で２枚の黒をサンドイッチするように並べ替えてください[訳注]。表向きのクイーンのパケットを、表向きのエースのパケットに重ねます。パケットを揃え、ボトム２枚のカードの上

[訳注] 片方の色でもう片方を挟むかたちで進めると、手順のラストのエルムズレイ・カウントのディスプレイの際に、黒（ないし赤）のクイーンが３回見える羽目になるので、ここでは赤赤黒黒、または黒黒赤赤にしておいた方が良いでしょう。

にブレイクを取りましょう。カードを親指と中指でエンド・グリップに持ち、極力右隅の近くで保持します。右手親指はコーナーぎりぎりのところで2枚のカードの上にブレイクを取っている状態にします（写真14）。

写真14

最初の3枚のクイーンはそのまま左手に1枚ずつ取っていきますが、以下のように調整します：左手親指をパケットの右辺まで伸ばし、保持しているカードを右手親指から外すようにして取っていきます。各カードは角度をつけて左手に取っていってください（カードを引き取るときに、カードのフォームが、逆“V”の字っぽくなっていることに注目してください）（写真15）。4枚目のクイーンを取るために左手が再接近した際、それまでに取った3枚を揃えてパケットの下に持っていき、そのままエンド・グリップへと密かにスティールしてしまいます。同時に、左手親指はパケットの右端に触れ（写真16）、右手親指のブレイクより上の3枚をフリーにしておきましょう。3枚のカードのかたまりを右手中指を軸に少し回転させて左手に取ります。これは一見して、左手でクイーンを4枚全部持っているようになります。記載したように角度をつけたスイベル・ムーブは3枚のカードをかたまりとして取りやすくするのみならず、最初の3枚をスティールして戻すのについても良いカバーを提供してくれるのです。ス

写真15

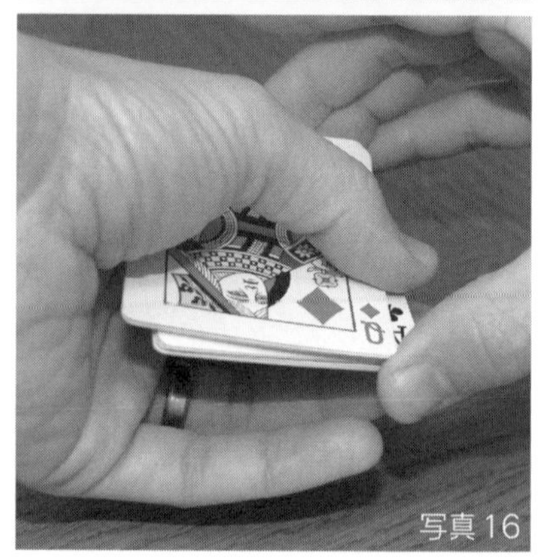
写真16

ムーズに、そして前のカードを取るときと同じリズムで行ってください。これは実用的で不可視、見た目も（音も）完全にフェアなものです。いま右手には３枚のクイーンの上に２枚のエースを持った状態です。

写真17

左手を返し、“クイーン”のパケットを裏向きでテーブルに置きます。赤裏が見えますね。右手には一見、４枚のエースを残しているように思われています。このパケットの一番上のエースを堂々と一番下へ移します。カードを裏向きに返し、一番下のエースを一番上へ移します。いま上から２枚のエース、続いて３枚のクイーンを持った状態です。「クイーンたちはその仕事を終えました。今回はエースだけを使ってみましょう。いや、実際に必要になるのはエースの裏面だけです」

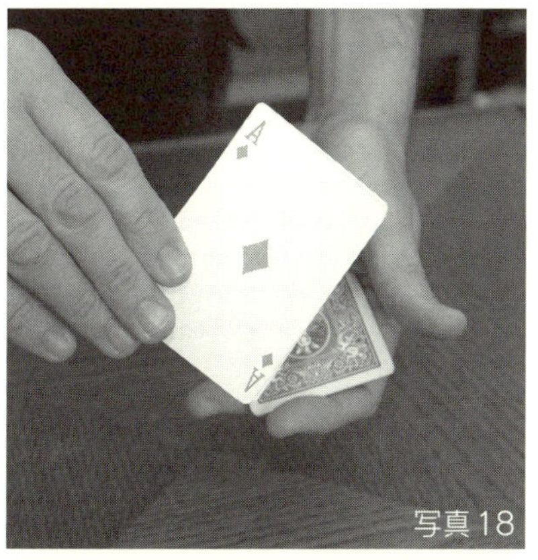
写真18

以下の段においては、４枚の赤裏を１枚ずつ、ゴールデン･ナゲットの裏模様に変えていくように見せていきましょう。

写真19

１．エルムズレイ･カウントを行い、ゴールデン･ナゲットの裏面の最初の登場となります。ここでの素敵なサトルティは“２枚目を取ったあとに止める”ことです。ゴールデン･ナゲット裏のカードが右手のエースの上に重なった状態です（写真17）。右手を返してエースの表を見せます（写真18）。右手を戻し、カウントの残り２拍を行いますが、その中でゴールデン・ナゲットの１枚をアウトジョグしておきます。

２．堂々とゴールデン・ナゲットのカードを抜き出し、バックルかピンキー・プルダウンを使うなりして、ボトムから２枚目に移します（写真19）。カードをパケットに入れて揃えるときにそれを押し下げ、２枚の上にブレイクを取りやすくしましょう（写真20）。ブレイクは左手小指で保持します。

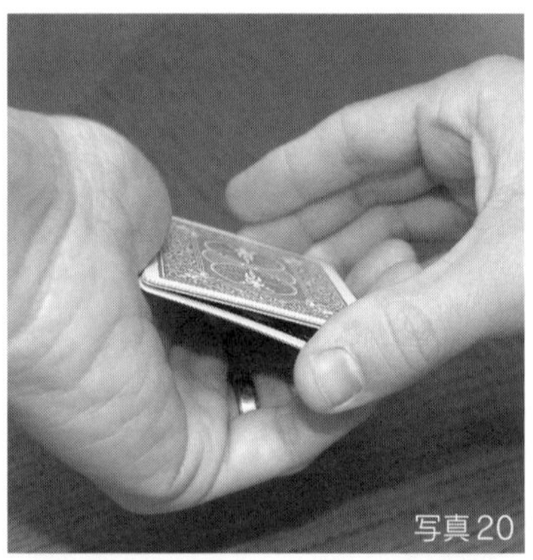
写真20

２枚目のゴールデン・ナゲットを現すのに、トップ３枚を滑らかに広げますが、このときボトム２枚は揃えたままにします。これは２枚の上にブレイクを取ってありますので簡単です。私は普段、左手親指のみを使ってカードを広げています。これによって、より“４枚のカードしか持っていない”という印象が強まるのです（写真21）。

写真21

３．トップの赤裏２枚を右手に取り、表を見せてパケットの下へと戻します。上側にある方のカードを少しだけインジョグしておいてください（写真22）。パケットを揃えるときに、右手親指で赤裏のカードを押し下げブレイクを取りましょう（写真23）。このブレイクを左手小指に移します。３枚目のゴールデン・ナゲットの裏面を現すのに、ステップ２でやったのと同じ

写真22

ようにして片手で広げてください。ボトムの２枚は１枚のように揃えたままです（写真24）。

４．トップの２枚を右手に取り、親指を上にのせます。右手指先を使って、持っている２枚のうち下側のカードを右側に引き、パケットを揃えるときにそれをボトムへとカルしてしまいます（写真25）。この置き換えで、最後のチェンジの準備を済ませました。エルムズレイ・カウントを行い、４枚のゴールデン・ナゲットの裏面を見せましょう。このカウントは実際に“数えている”というより、カードを“広げている”かのような感じでゆっくりと行ってください。

見た目としては、４枚の赤裏を４枚のゴールデン・ナゲット裏に変えてしまった感じです。これから表を、エースからクイーンへと変えてしまいましょう。「４枚のエースの裏面はゴールデン・ナゲットの柄へと変わってしまいました。しかしふと気付いたんですが、裏面を変えられるなら、表側も同様に変えられますよね？」カードを裏向きのディーラーズ・グリップで持ち、トップの２枚を広げて右手に取ります。この２枚を使って左手に残ったパケットを表向きにひっくり返してください（写真26）。左手親指で表側のカードを押して２枚のエースを示しましょう（写真27）。これは左右対称の美しいディ

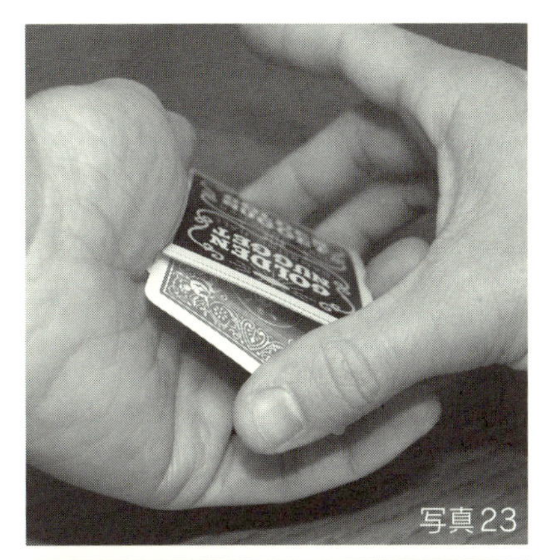

写真23

写真24

写真25

写真26

写真27

写真28

写真29

スプレイになります。エースをまた引き戻し、パケットの下へと左手親指を差し入れ、下から押し上げるようにして、右手のパケットの上に裏向きにひっくり返して置いてください(写真28)。私は普段、パケットをテーブル上の“クイーン”の上で揺らすなどのマジカル・ジェスチャーを行っています。パケットを表向きにし、エルムズレイ・カウントを行って４枚のクイーンであることを示しましょう。これは非常に衝撃的な変化の瞬間です。

クリーン・アップするため、２枚のクイーンを広げて取り、一番下へと移します。パケットを裏向きに返し、何気なくボトムのカードをトップへ移します。いまポジションは以下のようになっています：３枚の裏向きのクイーン、続いて２枚の裏向きのエース。このパケットをテーブル上のパケットの上に一瞬置き、８枚のカード全部を取り上げます（写真29）。

ここで大きな問いが出てきます。テーブルに置いておいたパケットは見せる必要があるでしょうか？これは議論になるところで、「そうすることでより良い締めくくりになる」という人もいれば、「検めのやり過ぎ」という論もあります。私は示すのが好きなのですが、それは締めのジェスチャーとして良いものである、というだけで、トリックの本質的な部分なのかというと、別にそういうわけではないと思います。幾つかのクリーン・アップ手順を試してみた結果、以下に記載するものが私のお気に入りとなりました。最初の２枚のクイーンをスタッド・ディールで表向きにしてテーブルに置きます。３枚目のときにボトムのカードを取り（写真30）、そのカードを先の２枚のクイーンの上にスタッド・ディールで置きます（これはあなたの出来る手法の中でも、最も簡単なボトム・ディールの方法でしょう）。公明正大に４枚目のクイーンをスタッド・ディールで置きます。４枚のクイーンを表向きでテーブルに置いたら、その隣に、やはりはっきりとスタッド・ディールで４枚のエースを置きましょう（写真31）。

写真30

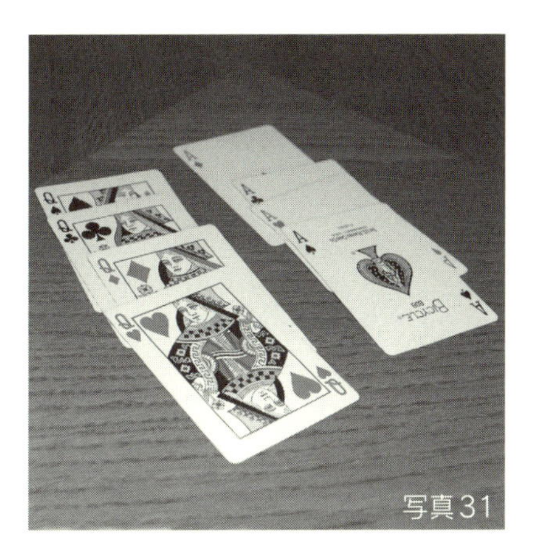
写真31

カードがどんなになっているのか、このトリックを見た人は興味を抱くことでしょう。特にマジシャンの人たちは。OKです。カードは全部検めてもらえますよ。

NOTES and CREDITS

●ホフツィンザーのフォー・エース・プロブレムは『*The Pallbearers Review*』

（3rd Folio）の1969年冬号、ホフツィンザー・スペシャルに載っています。カール・ファルヴスが「Two Unsolved Card Problems」のタイトルで書いているものです。

●ダローのコンボ・カウントは彼の『*Encyclopedia of Card Sleights*』DVD, Volume 7（2004）で解説されています。

●裏面の天地を使うというアイディアは、ジーン・ヒューガードの『*Encyclopedia of Card Tricks*』（1937, 1974再刷）、「Card Mysteries Using A One-Way Back Design」という名のチャプターに載っています。

●Technicolor Resetのプロットについて更に読みたければ、1993年夏号の『*Richard's Almanac*』で、ジョン・ラッカーバーマーがそれについて光を当ててくれています。これはのちに『*The Collected Almanac*』（1992）にも収録されました。

VINO ACES°

Effect：このMcDonald's Acesのプレゼンテーションでは、それぞれ４枚ずつのカードを４つのワイングラスの中に入れます。グラスをチリンと打ち鳴らす度にエースが消えていき、観客に持ってもらっていたグラスに現れるのです。

“Vino Aces”訳注は私のDVD『*Second Storm*』、それからL&L Publishingの『*World's Greatest Magic*』DVDシリーズでご覧頂けます。2005年にジョン・ラッカーバーマー、彼が自分の旅行やレクチャーの際にこれを演じてくれたことを光栄に思います。しかもその彼と一緒に、これを発展させるという楽しい時間を過ごすことが出来たのです。彼からのインプットは、このトリックをいまの姿にする助けになりました。

この手順の演出は、人の五感に訴え、インパクトに寄与するところの大きなものです：まず“音”(グラスを合わせたときのチリン、という音です)、優美さ（ワイングラス)、高い視認性（カードを立たせる)、そして観客とのやりとり（「乾杯！」）といったものを加えています。ワイングラスを使ったことで、観客には部屋のどんな位置にいても楽しんでもらうことが出来、パーラーで演じるのに理想的なトリックになりました。他のエース・アセンブリの場合は通常、テーブル上に置いたカードを見下ろさねばなりませんので、パーラーでは往々にしてうまいことといかないものですからね。加えて、このトリックは“手を触れない”という条件についても満たしています。

このトリックで私の大好きな箇所のひとつは、本物のエースとダブル・フェイス・カードをスイッチするところです。これにはワイングラスは全く必要としないので汎用性があります。McDonald's Aces系のトリックにおいては、しばし

訳注 Vino：ワイン・葡萄酒の意。語源はラテン語のヴィヌム（vinum）で、wine〈英〉=vin〈仏〉=wein〈独〉= vino〈伊・西〉=wijn〈蘭〉はいずれも同源。

ばスイッチ部分が一番の難所になりがちではありますが、この“Vino Aces” でのスイッチは、きっと皆さんにも満足のいく、そしてディセプティブなものだと思ってもらえるでしょう。あなたのレパートリーにある、同様のエース・アセンブリ系のトリックでも使えるということを憶えておいてください。そして私は、この“Vino Aces”においては殊更にうまくいくと気付いたのです。

Setup：普通のデック１つと、３枚のダブル・フェイスのエース[訳注]（裏側が別の違ったカードになっているもの）が必要です。デックの中から、ダブル・フェイスのエースでない方の面と同じカードは予め抜き出しておきましょう。

ダブル・フェイスの３枚はデックの表の側に、全てエースではない別の面が見えるようにしてセットしておきます。普通の４枚のエースは、デック全体に亘って散らしておいてください。

このルーティーンを他のトリックから続けてやるのであれば、３枚のギャフ・カードはジャケットの左ポケットに入れておけば良いでしょう。“Vino Aces” を演じる段になったら、デックを左ポケットの中に入れ、ギャフ・カードを表の側に付け加えてきてしまえば良いのです。３枚のギャフ・カード以外、デックの残りの順序は問題ではありません。ですので、演技の途中であっても実に簡単にこのトリックへと繋げることが可能です。

それから、何枚かのポーカー・サイズのカードを中に立てるのに十分な大きさのワイングラスを４脚用意してください。４枚のカードが中でバラけないような適切なサイズやデザインのものを事前に色々試してみましょう。観客にはカードの間を見られたくありませんので、これはとても大事です。

Method & Presentation：“Vino Aces” はクロース・アップでもパーラーでも演じることが出来ます。４脚のワイングラスとカードを取り出しましょう。演じる場所にワイングラスを横一列に並べます。観客を１人呼んであなたの右、少しだけ前に立ってもらいます。

何気なく裏向きのオーバーハンド・シャッフルをしますが、表側にあるギャフ・

[訳注] ここでのダブル・フェイスのエースはスペード以外の３枚です。

カードの部分を崩さないように注意してください。

「この手品では、４脚のワイングラスと16枚のカードを使います。これから、グラスごとにカードを注いでいきます。今夜は最高のものをご覧頂きたいので、４枚のエースを使いましょう」表向きにしたデックを観客に渡して両手の間で広げて見ていってもらい、エースが出てくる度に演者に渡してくれるように頼みます。４枚のエースを全て受け取ったら、表向きのパケットで一番下にスペードのエースがくるように調整してください。これらはみな普通のエースですので、表も裏も見せることが出来ます。ですが、あまりオーバーに示さないように。

「４枚のエースの他に、もう12枚だけ必要です」演者は手を伸ばして、観客に持ってもらっている表向きのデックから、12枚の表向きのカードをエースの上に配ってくれるように頼みます。デックの表側には予めセットしたギャフ・カードがきていますので、それらは最初の３枚として配られます。受け取ったら、観客にデックを脇にどけてもらいます。“観客自身が全部のカードを抜き出した”というこの構成は、このトリックの“演者が触れていないように見える”感に強く寄与してくれるものです。

「ちゃんと４枚のエースと、12枚のそれ以外のカードですね」カードを掲げ、表面を観客に向け、彼らに見えやすいように広げます。この間、トップ８枚の下にブレイクを取りましょう。以下のように行います：エースがスプレッドされて右手にいきますが、続けて４枚のカードを送ります。カードは垂直に立てて持っているので、観客からはダブル・フェイスのエースの側は見えません。ファンはまだ閉じないでください。カードをゆっくりと腰の高さまで、地面と平行になるところまで下げていきます。同時に、右手は４枚のエースを縦方向に回転させます（写真１）。そうして、下げていく中で観客たちに見えてしまう前に、そのエースをカバーにしてギャフの部分の上に置きます。（写真２：ネタバレビュー）デック全体を揃えますが、このとき左手小指で８枚のカー

写真１

ドの下にブレイクを取ってください。パケットのトップから、４枚のエース、続く３枚のダブル・フェイス（エースの側が上）、そして９枚の裏向きのカード、となっていますね。

写真2

次の段に備えて、カードを少し下方向に傾け、観客にカードがよく見えるようにします。右手で、ブレイクより上の８枚をエンド・グリップで持ち上げてください。左手親指で最初の３枚のエースを左手のパケットの上に引き取っていきますが、右に少しサイドジョグした状態にしておきます。残りのパケットをその上にのせます（写真３）。４枚のエースであるという光景をしっかりと見せたあと、パケット全体を揃えましょう。ここではもうブレイクを取る必要はありません。右端のグラスにスペードのエースを、表側が観客の方を向くようにして入れます（写真４）。続くグラスにも、それぞれの“エース”を１枚ずつ入れていってください（写真５）。この時点で、観客に気付かれることなく、ギャフのエースとスイッチしているのです。パケットのトップが裏向きのカードであるため、全てがあるべきかたちに見えるでしょう。グラスの中のエースをディスプレイする中、ダブル・フェイスのエースでない側が見えてしまわないように気をつけてください。これをやりつつ「それぞれのグラスに１枚ずつエースを注ぎましょう」と言います。

写真3

写真4

写真5

パケットを表向きにひっくり返します。何気なく一番下のカードを表側に移してください。表向きのパケットをディーラーズ・グリップで保持しますが、少しだけ前に傾けておきます。「これで、あなたに抜き出してもらった適当なカード12枚だけが残ります」1枚か2枚のカードを右手に取り、それらを裏向きにひっくり返してパケットの下に移します（写真6）。この動作を再度、1枚か2枚のカードで繰り返しましょう。このプロセスを、全てのカードが裏向きになるまで続けてください。あなたがひっくり返したカードは9枚だけなのですが、特に口に出して数えながらやっていたわけではないので、これで何気なく残りの12枚のカード全部をディスプレイしてみせたかのように見えるのです。動きを止めずに（これで、バラバラのカードを手に取った、というような残像を作り出します）、トップの3枚をスプレッド

写真6

写真7

して、表を見せずにスペードのエースのところに上から入れます。観客からは、その３枚がスペードのエースの後ろに隠れるように見える状態にしてください（写真７）。同様にして、３枚のカードを取っては残りのエースの後ろに入れていきます（写真８）。残っているカードの表を見せて、バラバラのカードであるということを示すことも出来ますが、いずれにしても過剰な検めはしないでください。

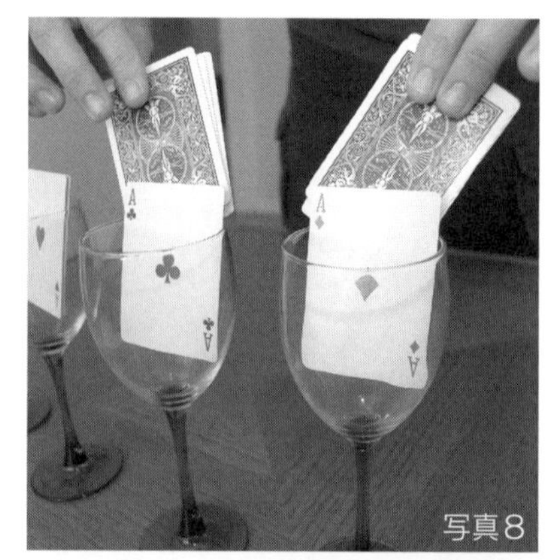
写真8

スペードのエースのグラスを持ちます。エースを抜き出し、ひっくり返してからパケットの表の側へと移します。いま４枚のエースは全て同じ向きを向いていて、スペードのエースだけが見えている状態です。いま、他の３枚が実際には何なのかを見せることなく、グラスをあらゆる角度から観客の目に晒すことが出来ます。このグラスを観客に渡しましょう。このトリックでは演技の最中ずっと、観客にリーダー・パケットを持たせておくことが出来ます。ワイングラスによって、その中はカードにとっての完全な聖域であるというだけでなく、カードをずっと衆人環視の状態におくことが出来るのです。

写真9

さて、それでは残りの３枚のエースを、それぞれ消していってしまいましょうか。

写真10

First Ace

観客の注目を、演者から見て一番左のグラスに集めます。グラスの中のエースを抜き出して、観客から見て３枚の後ろ側に入れます（写真9）。あとでエースについて思い出されないように、少しだけタイム・ミスディレクションが必要です。幸いなことに、プレゼンテーション上、実に自然にそれは組み込まれていますが。こんな台詞です：「乾杯という行為にはちょっとした魔法の如き何かがありまして。何千という乾杯が世界中いままさに行われているところですよ。婚約から数百万ドルの商談まで。私は今夜、皆さんと乾杯をしたいと思います。さあ、魔法のような、思い出に残る夜になりますよ！」

グラスを掲げ、スペードのエースを持ってくれている観客と、乾杯としてグラスを軽く打ち合わせます。この素敵な"チリン"という音は、単に耳に心地良いというだけでなく、何か魔法的なことが起こった瞬間のような印象を強めてくれるのです。演者は自分のグラスをテーブルに置き、観客に表の面が見えるよう、グラスの脚の部分を持ってゆっくりと回転させます。カードを１枚ずつ抜き出していきますが、これによって観客は４枚のカード全てをよく見ることが出来ます（ダブル・フェイスの１枚を除き、カードの裏面をチラチラ見せることも出来ます）（写真10）。そうしたら４枚のカードを全部グラスの中に戻してください[訳注1]。この乾杯をすること、観客にも関わってもらうということが、いかに矛盾点を覆い隠してくれるかに注目してください。ここでいう矛盾というのは、実際にはエースだけは元々逆の方向を向いていたにも関わらず、現段階ではカードが全部同じ向きを向いている、ということです。

写真11

Second Ace

真ん中のグラスに注目させます。中のカードを立てたまま取り上げます。エー

訳注1 ここでグラスに戻す際、ガスタフェロー本人の演技では、さりげなく最後に見せた普通のカードを演者側に移すことで、後々どの方向から見られてもダブル・フェイスが露見しないようにしていました。

スを堂々と表側、つまり観客側から見て３枚目に移します（写真11）。最初のフェイズとは違い、今度はエースが、このパケットの中で唯一別の向きを向いているカードだということを強調します。「クラブのエースは、何か手先のごまかしが出来ないように、１枚だけ表裏逆にしておいてしまいましょう」と言ってカードをグラスに戻します。グラスを持ち、そうしたら観客と再び乾杯をしましょう。ここで彼らが何と言ってくれるかは分かりませんが、何だかワクワクしますね。これで、より観客を巻き込みました。マジカルな“チリン”を済ませたら、グラスをテーブルに置きます。

４枚のカードを取り出し、立てて持ちます。カードを目の高さまで上げ、逆順のエルムズレイ・カウントのようなものを行いますが[訳注2]、これで観客から見て３枚目のカードを秘匿します：裏の面が観客に向くようにしてパケットの右の辺を右手でつまんだ状態で始めます。左手で、一番外側のカードをピンチ・グリップで取ります（一番観客に近い側）。右手と鏡像的になるかたちです。右手で外側２枚をブロックで左へとプッシュオフ、左手はこのブロックをピンチ・グリップで受け取りますが、同時に右手（親指）はその陰で最初のカードを密かに引き取ってきてしまいます。続く２枚のカードはそのまま１枚ずつ左手に取っていきます。観客からは、４枚全ての裏が見えたことで、エースが魔法のように裏向きにひっくり返ったように見えます。ゆっくりとパケットをひっくり返し、堂々と４枚全部の面をディスプレイします。パケットは観客の側に表が向くようにしてグラスに戻します。

Third Ace

最後のエースについては、不可能な消失現象を作りあげることにしましょう。カードをグラスから取り上げ、ボトムの３枚のカードを堂々と表向きにひっ繰り返します。これでエースが表側にあって、パケットは全て表向きになりました。パケットをディーラーズ・グリップで持ち、少しだけ前方に傾けます。先

訳注2 見た目のフェアさと、広い会場でも正面方向へと堂々と見せられるようにこうしていると思われますが、これがやりづらければ、３枚目を秘匿するという目的上、パケットを裏向きで全体的に下側へ出来る限り傾けて持ち、通常のエルムズレイ・カウントを行うのでも目的は果たせます（最後のカードをボトムに戻す、アンダーグラウンド・エルムズレイ・カウントの方が、最初のエースのとき同様、全方向からの視線をカバー出来て良いと思います）。

の２枚のチェンジにおいて、全てのカードはグラスに戻してきました。ですが今回は１枚だけしか戻しません。ダブル・ターンオーバーを行います（写真12）。裏向きのカード（エースだと思われている）を親指で押し出し、裏を観客に向けてグラスの中に入れます。左手は持っている３枚のカードを親指で押し出して１枚ずつテーブルに落としていきましょう。私は最初のカード（ダブル・フェイス）を配る前、パケットの裏をチラッと見せるのが好きです。最初の１枚を落とし終えたら、残った２枚のカードは両面をしっかりと示しながら落とせますね。グラスを右手で取り上げ、最後の乾杯をします。ゆっくりとグラスを回転させ、エースが変わってしまっていることを示します（写真13）。グラスをテーブルに置き、観客が持っているグラスへと注目を集めてください。

写真12

写真13

Final Display

「紳士淑女の皆様方、真のマジックとは、体験を共に分かちあうところから生まれ出づるものです。私たちは、それを分かちあうべきグラスも持っています。少し持ち上げてくれますか」最後の、ずっと持っていてもらったグラスから４枚のカードを抜き出します。パケットを目の高さに持ち、片手でゆっくりと広げて４枚のエースが再び揃ったことをはっきりと示しましょう！（写真14）

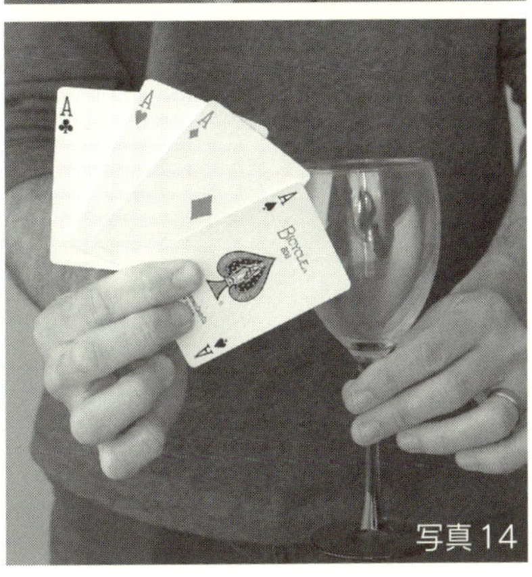
写真14

NOTES and CREDITS

●ワイングラスとカードを使うというアイディアは、1890年代中頃のカール・ガーマインのノートに載っています。

●私が初めて見た、カードを立てた状態でのAce Assemblyはジョージ・トーヴァーの“Stand-Up！McDonald”でした。2008年に同名の書籍として発表されています。これを“Amplified Ace Assembly”（『*Notes from the Summit*』, 1992）としてクロース・アップからパーラーへと持ってきた人物ということで、ギャリー・カーツをクレジットしています。

●McDonald's Acesについてより知りたければ、ダイ・ヴァーノンの『*More Inner Secrets of Card Magic*』（1960）の“McDonald's $100 Routine”をご覧ください。

●２枚目の消失についてはエルムズレイの『*Collected Works of Alex Elmsley*』, Vol. 2（1994）の“Four Card Trick”からです。

●３枚目の消失についてはジョン・ラッカーバーマーの『*Marlo's Magazine*』, Volume ３（1979）、“Orlam Aces”からです。

●最後の消失についての面白いやり方があります。グラスの中に入れるのはホフツィンザーのトランスペアレント・カード・ギャフにするのです。これは後ろから照らすと観客には裏面のデザインを通じてエースのシルエットが見えるが、クルッと回すと全然違う表の面が見える、というものです。これを演じるには、最初からテーブルにキャンドルを置いておけば良いですね。このひと手間を掛けることで、最後の消失が極めて魔法的かつ不可思議なものになることでしょう。

●一部のマジシャンたちから、“Vino Aces”を台詞無し、音楽のみを使って演じたという報告がありました。適切な環境下であれば、これは非常に良いアプローチだと思います。

EPILOGUE°

最後に、あなたにこんな質問をしてみましょうか。「トリックとは何ですか？」

トリックという言葉は大抵、色々な手品において、道具に何が起こるのか、といったざっくりした概念として使われます（例えば、「エースがひっくり返る」とか「カードがポケットに飛び移る」とか）。しかし、トリックの本質というのは、観客がする体験のことなのです。彼らが何を考え、何を感じるのか。これこそが、マジックの持つ本当の効果であり、トリックというものなのです。

こんな良い練習があります。トリックの概要を、単にあなたが何をするかということではなく、観客が何を感じるのか、という風に全て言い換えてみるのです。例えば、剃刀の刃を呑みこむというトリックがあります。一般的にこのトリックを書き表すとしたらこんな感じでしょうか――マジシャンは５枚の剃刀の刃を出してきて、その切れ味を示すために紙を切り裂きます。そうしたらそれを呑み込み、更に糸も呑み込んでしまいます。口から糸を引き出すと、そこには５枚の剃刀の刃が結ばれて出てくるのです――みたいな。

ですが、上記を『観客が感じる事』という観点から言い換えてみると、こんな風になるでしょうか――観客は演者が剃刀の刃を呑み込んだあと、血や痛み、そして怪我をしてしまうんじゃないかなどを想像して不安に思います。ですが演者が糸も呑み込むと、興味を抱きはじめます。観客は息を呑みながら糸が引き出されていくのを見、そしてそこには５枚の剃刀の刃も結ばれている！安堵の溜息を漏らしたあと、“どうやったらこんなことが可能なんだ？”というイメージに叩きのめされ立ち尽くしてしまいます。

観客の立場からトリックの過程を書き表してみることは、彼らの体験をより強いものにしてくれる、小さな改善をもたらしてくれるものです。フーディーニは水責め房に入るとき、「そのタイマーがカチカチ言っている間、観客の皆さんにも一緒に息を止めていてほしい」と頼んだというのはいい例でしょう。プレゼンテーションに加えたこの一工夫（いうなれば“one-degree”）が、観客の体験をよりパーソナルに、ドラマティックに、そして忘れられないものにしてくれたことでしょう。これはトリックをフーディーニの、というより、観客たちのものへと仕立てあげてみせたわけです。「トリックとは何ですか？」という問いかけは、自分の手品にone-degreeの変化を起こすため、私たちの目を啓かせるとても素晴らしいきっかけになります。大規模なイリュージョンをやるでも、クロースアップのカード・ルーティーンをするでも構いません、それを人々にとってのユニークかつ長続きする体験に出来るよう、慎重に微調整を施す能力を私たちは持っています。森羅万象は、詰まるところそういうことの積み重ねにほかならない、そう私は確信しています。

Thanks

ジョンとジョン・バノン――2009年8月

私のお気に入りのオープナーを書いた最初のページから、同じく私のお気に入りのトリのトリックを書いた最終ページまで、それぞれが本書『*One Degree*』の一部として、私にとってどんな意味を持つのか、読み手にとってどうだったか、十分に言葉で表すことが出来ません。勿論、こういうプロジェクトの最終的な裨益者というのは読者の皆さんですが、これは相互的なものであり、私にとっても大変有益なものでした。筆者という立場でいま筆を擱き、とても満足しています。ここに書いた現象とアイディアの価値を、私は心から信じています。この本は、本を作ることが目的ではなく、私の数年に亘る意義ある探索と微調整の産物です。ほぼ４万語以上のテキスト、240枚もの写真、この本は私たちが分かちあう芸術への、私の深いレベルの愛情と献身を表したものにほかなりません。

ページを開いてくれて、そして心も開いてくれてありがとう。もし、探求や、弄くり回したり、創ったり、そして演じたりすること、そういった諸々のことに関して刺激を受けてくださったなら、たとえそれがどんなものであろうと、あなたは自分の目標にone-degree分近付いたということです。

さて、私たちのone-degreeの旅は終着へと至りました。終わり？いいえ、むしろこれは始まったばかりじゃないかと思います。そしてこの先、いつか皆さんとお会い出来ますように。

そうそう、本書『*One Degree*』のトリックの多くは、私のウェブ·サイトでご覧頂けますよ！ JohnGmagic.comにもお越しください。

訳者あとがき

ジョン・ガスタフェロー『*One Degree*』をお届けいたしました。活字によるマジックの発表や習得が少なくなっているのは洋の東西を問わないお話ですが、星の数ほどあるDVDではなく、書物という形態である本書に目を向けてくださった皆さまには、その慧眼に敬服感謝する次第です。

日本における知名度は決して高くないガスタフェローですが、本書『*One Degree*』や多くのレクチャー・ノート、DVD、そして近年のライブ・レクチャー等など、様々な発表物で総じて高評価を得ている、中々に稀有なマジシャンのひとりです（序文でジョン・バノンやジャック・カーペンター両氏、その他の方々も各所でその良さに触れている通りですので、今更言うまでもありませんが）。本書は原著が出版された際に、その年のThe Books of the Yearを受賞するなど華々しい結果を残しています。ですが、原著は当然英語、しかも若干高めでしたし、わが国の「多少手品の本も読むよ」という方でも触れていない人のほうが多かったでしょう。それは仕方のないことです。私も今回これで、やっと著名本の布教活動が出来たというものです。

本書の特徴として、極端な不思議の追求というよりは、観客との相互的なやりとり、場を盛り上げることにその重きをおいているという点があります（これがおそらく、世界における本書の高評価の一因だと思っています）。「凄く良く出来ている」けれど、ものによっては「ちょっと手品的には物足りないかな、と思うようなあっさりしたものも含まれている」というのが読んだときの率直な感想でした。しかし彼の実演の映像を見ると、これがまた非常に受けていたのです。トリックは大事ですが、要素のひとつでしかないということを思い知らされた気がします。

また本書や彼の他の著作でも触れられていますが、彼は本業としては広告業界の人間であり、そこで培った“相手に何を体験して頂くか”や、“何をどう伝えていくか”といったことに深い知見と実行力があります。トリックを行うこと＝マジックを演じること、のように、ともすれば直結しがちな２つの概念ですが、エッセイにもある通り、そこについて少し深く考えることで、トリックのみではない、自分のキャラクターに沿ったエンターテイメントを演じ、そして観客にそれを“体験”してもらえる、そんなマジックを演じることが出来るようになるのでしょう。それも、ドラスティックな変化／変更ではなく、one-degree、ほんのちょっとの意識的な改善が、絶大な効果を生み出す、というかたちで。是非手順をなぞって演じ、そして少しずつご自身に合わせて改善していって頂ければ、著者冥利に尽きることでしょう。

本書の訳出および校正に関しましては、奇術愛好家の岡田浩之様に多大なご助力を賜りました。重ねての不躾なお願いにもかかわらず丁寧にご対応頂き、誠にありがとうございました。この場を借りて、心より御礼申し上げます。

著者のガスタフェロー氏、翻訳／出版を許諾してくださったVanishing Inc.およびグラッドウィン氏、刊行をお許しくださいました東京堂出版、ならびに同社編集の名和様にも厚く御礼申し上げます。

本書がその書名通り、皆さまのマジックにone-degreeの改善を齎（もたら）すことが出来るよう願って已みません。いずれまた、どこかでお目にかかれますように。

2015年2月14日
富山 達也

『ONE DEGREE』

Original Members：
WRITTEN BY JOHN GUASTAFERRO
DESIGNED BY ANDI GLADWIN and JOHN GUASTAFERRO
COVER PHOTO and DESIGN BY JOHN GUASTAFERRO
INSIDE PHOTOS BY JOHN CARRILLO
EDITED BY ROD DOIRON, JOEL GIVENS, ANDI GLADWIN,
JOSHUA JAY, JOHN LOVICK and RAJ MADHOK
PUBLISHED BY VANISHING INC.

本書は上記『*ONE DEGREE*』(John Guastaferro, Vanishing Inc., 2010)
の完訳本です。
日本語版はVanishing Inc.の許可を得て出版したものです。

ジョン・ガスタフェロー (John Guastaferro)
1968年生まれ、米国ロサンゼルス在住。本業は広告／宣伝業。家族とギターを愛するマジシャン、著述家、創作家。カード主体の本書であるが、トリックには輪ゴムからロープ、iPhoneまで幅広く扱う。2003年に２枚組のDVD『Brainstorm』を、2007年には同じく２枚組DVD『Second Storm』をリリース、その後、2010年に満を持して出版した本書『One Degree』にて自身の哲学を遺憾なく発揮、その完成度の高さが激賞され、ベストセラーになる。それに前後して、2014年までにも５冊ほどのレクチャー・ノートをリリース、いずれも高評価を得ている（うち、直近の３冊『Ready Set GuastaferrO』『Discoveries and Deceptions』『Seven Wonders』は日本語版合本として2015年５月にリリース予定）。

富山達也 (とみやま・たつや)
1980年東京都生。慶應義塾大学経済学部卒。これまで訳書にJohn Bannon『MEGA 'WAVE』(2011)、Pit Hartling『CARD FICTIONS』(2012)、『ジョン・バノン カードマジック』(東京堂出版、2013) がある。

ONE° DEGREE ジョン・ガスタフェロー カードマジック

2015年5月15日　初版印刷
2015年5月25日　初版発行

著　者――ジョン・ガスタフェロー
訳　者――富山達也
発行者――小林悠一
ＤＴＰ――小野坂聰
印刷所――東京リスマチック株式会社
製本所――東京リスマチック株式会社

発行所――**株式会社 東京堂出版**
〒101-0051　東京都千代田区神田神保町１-１７
電話 03-3233-3741　振替 00130-7-270

ISBN978-4-490-20905-1　C2076